ANTROPOLOGIA JURÍDICA

inter
saberes

SÉRIE ESTUDOS JURÍDICOS: DIREITO EMPRESARIAL E ECONÔMICO

Regina Paulista Fernandes Reinert

Rua Clara Vendramin, 58 . Mossunguê . Cep 81200-170 . Curitiba . PR . Brasil
Fone: (41) 2106-4170 . www.intersaberes.com . editora@intersaberes.com

Dados Internacionais de Catalogação na Publicação (CIP)
(Câmara Brasileira do Livro, SP, Brasil)

Reinert, Regina Paulista Fernandes
Antropologia jurídica / Regina Paulista Fernandes Reinert. -- Curitiba, PR : Editora Intersaberes, 2023. -- (Série estudos jurídicos : direito empresarial e econômico)

Bibliografia.
ISBN 978-85-227-0615-0

1. Antropologia jurídica 2. Direito - Brasil 3. Direito e antropologia 4. Sociologia jurídica I. Título. II. Série.

23-152202 CDU-34:301

Índices para catálogo sistemático:
1. Antropologia jurídica 34:301

Eliane de Freitas Leite - Bibliotecária - CRB 8/8415

1ª edição, 2023.

Foi feito o depósito legal.

1ª edição especial - capa dura

Sumário

"Todo documento de civilização é também um documento de barbárie."

(Walter Benjamin)

Apresentação

Este livro apresenta um conjunto de saberes antropológicos que são elementares para se pensar o direito. Assim, tomando como base autores da antropologia geral e da antropologia jurídica, produzimos um amplo quadro de saberes com o escopo de distinguir e compreender as concepções sobre o humano, as quais fizeram desses saberes um fazer antropológico que privilegia a relativização de verdades consagradas em contraste com o fazer jurídico dogmático. No entanto, esse contraste, longe de ser considerado obstáculo ao diálogo desses campos, é, na verdade, o exercício de aproximação desses saberes.

O livro procura pensar a antropologia e o direito tendo como ponto de partida referencial o pensamento político-antropológico grego, para quem a dignidade política é a dignidade do ser humano, ou seja, a participação do indivíduo na comunidade é a política do poder partilhado e o motor da vida coletiva. Como projeto humano contemporâneo, se isso é, hoje, quase impossível, existe algo que vale para todos os tempos: a política é o essencial da vida humana e só é possível no espaço entre as pessoas – o espaço de se estar ao lado do outro e sempre voltado para o bem comum.

A vasta pluralidade de assuntos abarcados pela antropologia jurídica nos impossibilita de expor aqui todo o repertório de seus objetos de estudo. Selecionamos, então, temas que evidenciam a produção e a potencialidade da pesquisa antropológica do direito, como: humanismo; etnocentrismo; alteridade; relações de parentesco, família e propriedade privada; diversidade e pluralismo jurídico; direito das minorias e das populações autóctones; direitos humanos, acesso à justiça e socialização jurídica; direitos e políticas públicas relacionados às questões de gênero, LGBTs, criança e idoso.

Nesse sentido, o livro está dividido em quatro capítulos, que buscam fundamentar didaticamente as bases essenciais para a formação humana daquele que se propõe a ser um operador do direito.

O tema central do Capítulo 1 é o humanismo, abordado aqui desde as suas raízes gregas, passando pelo humanismo da Renascença até chegar aos dias atuais. Os gregos usavam a palavra *antropos* para se referirem apenas ao que era circunscrito ao humano, isto é, nada tinha a ver com os seres da natureza nem com os seres imortais, ou seja, os deuses. Após o período medieval, novas formas de pensar surgiram, configurando a transição do pensamento teocêntrico para o antropocêntrico, onde a razão humana reiniciou seu processo de aprimoramento.

No Capítulo 2, por sua vez, analisamos o tema das diversidades culturais, da intolerância ao diferente e dos movimentos sociais que buscam legitimar as diferenças culturais consolidando o direito à diferença. A ideia de civilização e de progresso tecnológico, científico e cultural tem como ponto de origem a Europa, para a qual todos os outros povos eram tidos como inferiores, selvagens e bárbaros, isto é, não evoluídos. Esse entendimento estereotipado de mundo abriu as portas para as teses racistas. Os movimentos multiculturalistas surgem pleiteando o respeito à diversidade, negando o preconceito e afirmando que a dignidade humana não pode coexistir com a ideia de que existe cultura superior ou cultura inferior.

Já no Capítulo 3, estabelecemos a ligação entre a antropologia e o direito. Ambos os campos de conhecimento apresentam objetos próprios. Tanto a antropologia quanto o direito têm o ser humano como objeto central, porém, por se tratar de uma ciência mais dogmática, o direito volta-se mais para a intervenção normativa. O direito não teria razão de existir se não fosse a existência humana, mas a existência humana não teria sido possível nem evoluiria sem a presença do direito. É ele que engrena os seres humanos na sociedade. Nesse contexto, examinamos tanto o pensamento antropológico quanto o pensamento jurídico em suas várias concepções, como as questões físico-biológicas e as socioculturais.

Por fim, no Capítulo 4, discutimos o direito nas sociedades complexas e plurais. A sociedade contemporânea se apresenta como plural porque, cada vez mais, convivem pessoas, culturas, etnias e gêneros diferentes. Contestam-se tradições e visões políticas de exclusão e de intolerância e aprofunda-se um direito voltado à inclusão social, à diversidade, aos direitos de minorias, enfim, um direito voltado à dignidade humana. O tema da dignidade da pessoa humana permeia este capítulo por inteiro, pois trata-se de um valor considerado o principal, o valor fundamental do ordenamento jurídico brasileiro e, por isso mesmo, um dos conceitos mais difíceis em toda a ciência jurídica.

Assim, esperamos, caro leitor, que seu transitar pelas vias da antropologia e do direito possa enriquecer seu entendimento sobre o homem/a humanidade. Antes da norma jurídica está o ser humano, e o saber sobre esse humano é imprescindível ao futuro operador do direito. A antropologia é um dos alicerces na formação humanística do jurista, auxiliando-o na construção do pensamento jurídico de forma crítica e reflexiva. Se a vida social está sempre às voltas com questões jurídicas, logo, estudar o direito apenas em seu aspecto normativo não trará bons frutos, visto que a justiça não se encontra necessariamente na norma, mas também na argumentação, na interpretação e no debate constituídos pelos seres humanos em sociedade.

Introdução

Para o estudo da antropologia, devemos entender, primeiramente, o sentido etimológico do termo: em grego, *antropos* significa o humano em si mesmo e em suas dimensões e *logia* significa estudo, razão, ou seja, o estudo racional do humano. Já *humano*, em latim, significa homem, *homo*, *humus*, de terra, do chão, da base. A *antropologia*, assim, quer entender a diversidade humana cultural, social e biológica. Se Heráclito (535-475 a.C.), pioneiro no uso do vocábulo *logos*, adota o termo para se referir à ordem original do mundo e ao conhecimento racional, alguns outros filósofos utilizaram-no para explicar que *logos* também se refere à palavra, à fala, ao discurso, à argumentação, à retórica.

Chauí (1995, p. 136) se refere à importância da linguagem humana como a força construtora da vida social. Referindo-se à palavra, *logos* seria a lógica que sustenta um argumento, a palavra criadora, persuasiva. Os filósofos sofistas entendiam o logos como discurso criativo, o argumento lógico que busca convencer o interlocutor. Aristóteles usava o termo para explicar o discurso fundamentado, ao passo que os filósofos estoicistas aplicaram o termo para definir a origem de todas as coisas, o fundamento divino que cria o Universo. Mais tarde, o cristianismo utilizou-o para se referir ao conceito doutrinário do verbo (logos) encarnado, Jesus Cristo, o logos que estava com Deus desde o princípio e que era Deus (tradição judaico-cristã). Portanto, para os vários sentidos, *logos* é o que dá sentido às coisas, a causa de todas as coisas. É a razão e a narrativa.

O logos da antropologia é o estudo *do* homem, mas é, também, o discurso *sobre* o homem. A antropologia o estuda em todas as suas dimensões e o descreve como ser social, integrante de uma ordem social, comunitária (ciência social); também como ser humano em si, em sua construção histórica, suas crenças, artes, seus costumes e sua linguagem, isto é, tudo aquilo que o vai desligando da natureza (ciência humana); e, por fim, interessa-se também em apreendê-lo em seus aspectos naturais, seu patrimônio genético e seus traços fisiológicos (ciência natural). É um instruir-se do humano como objeto e ciência, um estudar-se a si mesmo para defini-lo e definir-se. É no estudo do humano inteiro que a antropologia estabelece os vínculos com o direito, ressaltando seu aspecto interdisciplinar.

O conhecimento antropológico é anterior à antropologia como conhecimento sistematizado e disciplina científica. Lukács (2009) estabeleceu que, em toda e qualquer produção artística humana, em qualquer época e lugar, há uma concepção do que é o humano. Seja em uma narrativa épica de Homero, sejam em uma poesia de Manoel Bandeira, encontraremos sempre uma informação sobre esse ser, único em singularidades.

O que é o ser humano? É a pergunta primeira, não da antropologia, mas do primeiro momento da filosofia, que, não por coincidência, ficou conhecido como *período antropológico* (Chauí, 1995, p. 36, 38). Contudo, cabe à antropologia responder a essa questão filosófica. Quanto mais os homens da Antiguidade grega refletiam sobre o animal humano, mais se elevavam e mais a antropologia se tornava, por excelência, uma questão filosófica na busca de compreender mais e profundamente a vida humana. A problemática essencial daquilo que denominamos *antropologia* consiste, portanto, na faculdade de demonstrar a existência humana em suas épocas, em sua diversidade e generalidade, em seus paradoxos e antíteses.

Mas foi precisamente a história, como bem apontou Marx, a única ciência existente a responder à indagação inicial: O que é o humano? Por meio desse manancial inesgotável - a história que os humanos fizeram e sobre a qual pensaram – é que a antropologia iniciou sua saga. A concepção de humano entre os filósofos gregos marcou esse primeiro momento, que ficou conhecido como *concepção clássica.*

A concepção clássica revolucionou a forma de pensar, trazendo ideias humanistas ou antropológicas para o entendimento sobre o humano, como política, linguagem, moral e justiça – coisas que são essencialmente humanas, frutos da criação humana, que caracterizam o ser humano como um ser que se distingue dos outros animais. Enfim, coisas que dizem respeito apenas aos humanos. Depois dessa fase inicial, o humanismo se fez presente em vários outros grandes momentos da história.

Capítulo 1

Do humanismo clássico ao humanismo de Lévi-Strauss

O texto a seguir percorre o caminho do humanismo ao longo da história, mostrando as características mais importantes na formação do ser humano desde o humanismo grego clássico até a última etapa deste, ainda a ser conquistada - a etapa em que o ser humano nada mais terá para saber sobre si mesmo, visto que o outro humano será reconhecido tão humano quanto si próprio.

— 1.1 —
Antropologia e humanismo

A antropologia tem conexões com outras ciências e áreas do saber, destacando-se seu aspecto interdisciplinar. A filosofia clássica antiga foi a primeira área do conhecimento a produzir um pensamento crítico sobre o ser humano, e foi tão fundamental que não compreenderemos o humano hoje se não dialogarmos com os escritos antigos, bem como, evidentemente, com os que vieram após o resgate renascentista; pensadores modernos como Hobbes, Locke, Descartes, Kant, Rousseau - este considerado por Lévi-Strauss o pai da antropologia um século antes da formação da antropologia como disciplina -, Hegel, Marx e outros. Enfim, antropólogos de qualquer época, dialogaram e sentiram a influência dos filósofos.

Kant (1995, p. 481-482), magistralmente, dizia que o ideal é que possamos ultrapassar o estágio da **heteronomia**, em que o indivíduo recebe confuso as leis e as cumpre sem refletir, para o estágio da **autonomia**, momento ímpar em que o humano dá a si mesmo a própria lei, isto é, entende, em sua razão, o sentido das normas no meio social; só assim, poderá cumprir a lei na liberdade, com discernimento, com consciência. Kant é vital para a antropologia, pois trabalha com dois conceitos centrais: a razão e a liberdade

Portanto, mesmo o humanismo sendo expressado de diferentes formas, ele sempre remete, primeiramente, ao campo da discussão filosófica. Embora esse início filosófico não defina seu teor com precisão, possibilita, por outro lado, desdobramentos que possam identificar seus efeitos em contextos jurídicos. O estudo dos filósofos sobre o homem era chamado de *anima*, um estudo ao mesmo tempo experimental e permeado pela metafísica (visão essencialista). Na modernidade, Kant (1995) definiu *antropologia* como o estudo do conhecimento do homem sobre o homem. Na verdade, esses estudos não passavam de especulações antropológicas pertencentes à filosofia. No século XIX, porém, o campo antropológico se abriu para as ciências humanas: antropologia física e antropologia cultural. No que se refere à justiça, cabe à filosofia a primeira indagação que forma toda a sua essência: **O que é o ser humano**?

— 1.2 —
Período antropológico grego

A história da Grécia Antiga Clássica teve início com a dissolução das comunidades primitivas, seguida por um período de economia mais pujante e pela formação de uma sociedade dividida em classes. Surgiu uma aristocracia escravista, constituída por uma nobreza hereditária que usava de seus privilégios para exercer o poder de forma exclusiva. Eram grandes proprietários de terra e espalhavam seu poder sobre a população, que, sem privilégio algum, tentava sobreviver na cidade. A forma como essas divisões organizaram a vida humana nessa época desencadeou problemas e desafios que se perpetuaram na história do mundo ocidental até os nossos dias. São daquela época os conceitos de liberdade, democracia, justiça e política, bem como o que é próprio da vida privada (a propriedade) e o que é próprio da vida comum (a política).

— 1.2.1 —
O humanismo de Sócrates

Sócrates (469-399 a.C.) foi o primeiro pensador humanista da história ocidental. Foi um antropólogo *avant la lettre*, ou seja, antes da criação da antropologia como área de estudo. Oriundo de uma classe social pouco abastada, viveu a época histórica de uma Atenas que se tornou potência política, econômica e militar, em que Clístenes instalou a democracia em meio às mobilizações populares por mais participação política e em que *isonomia* foi a palavra de ordem e a força dessas mobilizações. Esses acontecimentos constituíram o apogeu ateniense, o século do grande líder democrático Péricles, o século de ouro da Hélade[1] (V a.C.), no qual nasceram personagens que sublinharam a história humana de forma jamais vista no mundo.

O legado humano de Sócrates não foi escrito por ele, mas sim por seu discípulo Platão, nascido de família nobre e quem o melhor retratou. Diz-se dele que perambulava pelas vias e praças de Atenas procurando investigar sobre valores e ideais daqueles que se diziam sábios, mas que pouco ou nada sabiam. O humanismo de Sócrates está na valorização de questões estritamente relacionadas ao ser humano: sociedade, política, moral, justiça, isto é, tudo aquilo que não está na natureza, visto que é essencialmente humano, fruto da criação humana. Sócrates estava em uma Atenas democrática, onde se exigia uma educação cívica que formasse os jovens para a carreira política. No espaço da política, é necessário o debate e, para este, é preciso que os jovens aprendam a retórica a fim de melhor expressar sua representação política nas assembleias da *polis* e conseguir votos.

---

1 *Hélade* refere-se à identidade dos gregos para além de qualquer conteúdo territorial ou político. É o compartilhar e o sentimento de pertencimento da mesma raça, dos mesmos deuses, da mesma língua e dos mesmos costumes (Eyler, 2014, p. 25).

— 1.2.2 — A maiêutica

Sócrates propôs que a filosofia deve partir, primeiramente, de uma pergunta pela essência ou pelo ser das coisas: O que é? Porque as coisas são desse ou daquele jeito? Ele propôs também um método para organização dessa pergunta, o método maiêutico ("parto", em grego), que é simplesmente um exercício de perguntas pela essência das coisas: o que é o bem, a justiça, a amizade, a coragem. Coisas que estão presentes na vida, mas que não paramos para pensar sobre elas. Sócrates perguntava às pessoas sobre as coisas para mostrar que a verdade estava nelas mesmas, e não fora delas. O método maiêutico diz que a verdade está sempre dentro das pessoas e que é preciso fazer a retirada dessas ideias. A dúvida metódica, produzida pelo ato de refutar, é o caminho para a investigação em busca de discernimento. Todo o conhecimento já está no interior do homem. Cumpre fazê-lo vir à luz. Sócrates faz isso por meio de seu método: mediante perguntas, vai procedendo o parto das ideias (Helferich, 2006, p. 21-23).

A grande conclusão de Sócrates "só sei que nada sei" é o reconhecimento da ignorância e o momento de se voltar para o conhecimento. A pessoa que julga já conhecer tudo está parada. Reconhecer a própria ignorância é movimentar na busca de conhecer as coisas, porém, antes de conhecer as coisas, as pessoas devem conhecer-se a si próprias.

"Quem eu sou, de onde vim e para onde vou" é o espírito da época de Sócrates. Especular sobre a origem - quem eu sou - para entender a construção do conhecimento humano do ser. Sócrates perguntava aos seus concidadãos e os incitava a se autoexaminarem. "Conhece-te a ti mesmo" foi a chave-mestra de sua reflexão, a base de um pensamento voltado unicamente para o humano. Sócrates causou uma transformação profunda e radical na forma de colocar o humano a se pensar, a pensar o próprio conhecimento. Para ele, o conhecimento de si mesmo é a condição *sine qua non* para qualquer existência, pois resulta não só em conhecer suas próprias falhas, mas também em admiti-las. Ele dizia que uma vida não examinada não merece ser vivida. Admitir a própria ignorância, então, era o caminho para se chegar à sabedoria. Fora disso, só há a presunção de conhecimento, originando toda a sorte de erros com pretensões de verdade (Chauí, 1995).

Ao refutar as verdades que seus interlocutores pensavam ter, Sócrates pretendia despertar neles a consciência de sua ignorância e encorajá-los a realizar um autoexame a fim de chegarem a uma opinião mais aproximada da verdade. Ao refutar aqueles que se diziam piedosos, corajosos, sábios e justos, Sócrates demonstrava que nada mais faziam do que dar exemplos particulares, e não a definição universal dos conceitos de piedade, coragem, sabedoria e justiça. Com sua consagrada premissa "só sei que nada sei", fazia as pessoas perceberem por si próprias, e não por ele (Sócrates) que suas verdades não passavam de opiniões mediante os costumes sem refletir sobre a essência dos valores pelos quais agem. Reconhecer a própria ignorância é a condição para sair de um campo de ilusões, buscar o verdadeiro conhecimento e descobrir que a verdade está na essência íntima do ser, e não fora dele. Por ser o primeiro a produzir uma filosofia voltada unicamente para o homem, Sócrates é considerado o primeiro humanista na história do pensamento (Chauí, 1995).

Mas foi com sua morte que Sócrates deu sua aula suprema. Sua morte configura um desses momentos em que a humanidade se olha internamente e se questiona a respeito de sua própria razão de ser. Sócrates era, à época, um obstáculo político, pois denunciava a corrupção dos costumes e a possibilidade do erro. Então, uma denúncia bastante grave foi apresentada contra o filosófico: Sócrates foi considerado culpado de corromper a juventude, de desrespeitar os deuses e de sugerir outros deuses para a cidade. Condenado a suicidar-se, tomou o veneno cicuta (Chauí, 1995). Apesar do momento dramático, ele permaneceu firme e inabalável enquanto ouvia a sentença de morte. Como ninguém, soube morrer, assim como ninguém melhor que ele soubera viver.

— 1.3 —
O humanismo de Platão

Sobre a morte de Sócrates, Platão escreveu uma das mais belas passagens da filosofia: "Apologia de Sócrates" ou "Mito da Caverna". Platão era discípulo de Sócrates e é, ainda hoje, um dos mais importantes pensadores quando se trata de conceitos como justiça, cidade ideal e política. Foi em sua obra A *República* que ele fundamentou sua concepção de homem. No livro VII de A *República*, Platão conseguiu colocar dentro de um mito, que é uma narrativa curta, um conteúdo enorme. Por meio desse mito, ele deu conta de explicar o essencial da condição humana. A linguagem mítica tem, de qualquer forma, essa capacidade de ilustrar e sintetizar o que a palavra em si não consegue.

— 1.3.1 —
Mito da caverna para um pensamento humanista

Platão (427-347 a.C.) pediu que imaginássemos o seguinte cenário: dentro de uma caverna subterrânea com uma descida abrupta, encontramos um muro alto por detrás do qual vivem algumas pessoas acorrentadas pelos tornozelos, punhos e pescoço, de modo a evitar qualquer movimento. Permanecem, portanto, no mesmo lugar, incapazes de olhar para os lados. Somente para a frente, olhando para a parede do muro. A única luz ali é proveniente de uma fogueira, que fica por trás dos prisioneiros, de forma que estes não podem vê-la. De tempos em tempos, pela frente da fogueira passam pessoas carregando objetos e, com isso, projetam sombras de suas imagens na parede. Os prisioneiros olham aquilo e pensam que é a realidade. Como desde sempre foi assim, eles não têm consciência de que estão presos. Na vida deles não ocorreu nenhum contraste que os fizesse refletir, razão por que vivem iludidos, achando que o mundo é só aquilo que veem.

No entanto, alguém os acorrentou, e quem assim procedeu conta com muitas vantagens, tanto que se empenha em mantê-los daquela forma, fazendo-os sentir como se já fossem livres. Por imaginarem-se livres, permanecem no erro. No entanto, chega um momento em que um daqueles prisioneiros desconfia que o mundo e a vida não podem se resumir àquilo. Essa inquietude o leva a ser alvo de imprecações por parte dos companheiros, e ele passa, então, a ser a voz dissonante – uma voz diferente de todas as outras. O prisioneiro se desprende de seus grilhões e olha para a saída da caverna, onde a luz é mais intensa. Agora ele está disposto a ir adiante, e assim o faz capengando, escorregando, tentando escalar a subida que o levará à luz verdadeira. Depois de muito esforço ele a alcança, mas, por ter passado uma vida inteira na penumbra, ele não suporta sua claridade e fica momentaneamente cego. Aos poucos ele vai acostumando a vista e, então, pela primeira vez, enxerga as coisas reais, isto é, como elas são. Ele finalmente se liberta de tudo.

Contudo, é um humano, e como tal resolve voltar para dentro da caverna a fim de libertar seus companheiros, participar com eles do conhecimento, incluí-los na experiência da luz. Ele não se concebe feliz sabendo que os outros continuam na precariedade. A humanidade do prisioneiro o impede de ser livre sozinho. Buscar o conhecimento para si, eis o filósofo. Participar esse conhecimento, eis o político. Após ter-se acostumado com a luz, ele volta para a escuridão, perfazendo o caminho da volta. Cego agora pela escuridão, machucado pelo percurso, ele chega perto de seus companheiros e anuncia a boa nova: venham, eu encontrei a felicidade. A reação é de imediata hostilidade. Chamam-no de louco. Se todos estavam presos desde sempre, é porque certo era. Eis o que Platão chama de *escravidão inconsciente*: o escravo que não sabe que é escravo defende suas próprias correntes e agride quem tenta libertá-lo (Platão, 1997, p. 40-41).

Será que alguém estaria disposto a ouvir o ex-prisioneiro? Sim, somente aqueles que dentro de si tiverem esgotado a experiência banal, ilusória. Sócrates dizia que sua mãe era uma ótima parteira, porém, havia algo que ela jamais faria: o parto de uma mulher que não estivesse grávida. Em outras palavras, não se transforma ninguém em filósofo se o germe da dúvida não estiver instalado em sua mente. Tendo-se o mínimo amor à sabedoria, é possível fazer o parto das ideias. A luz é uma metáfora presente em vários mitos e simboliza a sabedoria. Já o político é aquele que, alcançando a sabedoria, desce por compaixão para alçar os que estão embaixo.

A voz da maioria não é a voz da verdade. A verdade não tem a ver com quantidade, mas com qualidade. É um erro pensar que a maioria tem razão. Maiorias nunca fizeram história, pelo contrário, foram indivíduos que pensaram diferente do todo e revolucionaram, como Sócrates ou Galileu Galilei – este último afirmou que a terra era redonda quando todo mundo acreditava que era plana. Outros passam a vida julgando apenas aquilo que lhe é transmitido através de imagens e sombras, sem jamais se desacorrentar, tampouco sair da caverna.

Pensar de forma emancipadora é pensar de forma humanista. Pessoas não nascem presas. Alguém as prende. De um lado, a sociedade pode ser uma dessas carcereiras, quando nega cidadania a determinadas parcelas da população, e, de outro, pessoas fazem juízos de valor sobre os marginalizados, sem se desacorrentar do senso comum para perceber o que de fato existe por trás de um semelhante desfavorecido. A humanidade para com o outro começa na reflexão sobre a própria conduta preconceituosa para com esse outro. Sócrates dizia que devemos passar a vida em exame, pois ter consciência da própria ignorância é que faria a vida valer a pena. O homem platônico é, em parte, como é para Sócrates, inquieto, está sempre se questionando, conhecendo-se a si próprio, em permanente busca pelo autoconhecimento, em um devir do constituir-se humano.

— 1.3.2 —
A *polis* justa

Para Platão (1997), é pela palavra dialogada que os homens criam o mundo. Mostra, portanto, um humano que necessita se abrir para o outro, única condição de fazer nascer a verdade. Na política, Platão reflete sobre o homem e a sociedade justa. Em A *República*, ele expressa sua concepção de homem na construção da *polis* boa para todos os cidadãos, conferindo igualdade a todos. Platão, nascido em uma Atenas subjugada de tiranos escravocratas, tinha uma visão nostálgica do homem, idealizada em época anterior ao advento da tirania dos aristocratas. Ressalta Coutinho (1967, p. 89) que o humano platônico é o reflexo de uma época em que a humanidade toma consciência de si; tempo em que as *gens* eram coesas, a propriedade era comum a todos, não havia acúmulo de bens individuais e as atividades eram desempenhadas por toda a coletividade.

A cidade ideal, para Platão, era a cidade da justiça entre os cidadãos. Segundo Platão, a condição do "bem viver" decorreria da priorização da razão e do domínio sobre as emoções; o inverso disso faria do indivíduo escravo das coisas passageiras, como o acúmulo de bens e os prazeres do corpo. Para Platão e seu mestre, o ser humano era o ser cidadão. Sócrates e Platão elegeram a cidadania como sinônimo de vida justa. Ambos argumentavam que, para ser um homem cidadão, não bastava usar de retóricas ardilosas para vencer um debate na assembleia apenas pelo prazer de convencer os outros, mas, rigorosamente, agir – ação política, democrática, contra a opressão e o arbítrio.

Sua teoria das ideias diz que tudo o que existe no mundo manifestado existe no plano ideal. O manifestado deve espelhar o ideal trazido de lá para cá. O transporte correto das ideias depende da capacidade de alcançá-las e trazê-las cá para baixo. Se o transporte dessas ideias for ineficiente, as ideias chegarão danificadas e não poderão cumprir o propósito para o qual foram concebidas, gerando dor e tristeza. As coisas preexistem no mundo das ideias, e a grande questão do homem é acessar esse mundo ideal e realizá-lo. O mundo da matéria é ilusório, mas o verdadeiro sábio busca realizar a ideia do bem (a percepção de unidade), aquilo que une. O mal (a não percepção do mundo ideal), ao contrário, desune. Então, conhecer-se a si mesmo é saber que a consciência evolui à medida que aprendemos a fazer a ponte entre os dois mundos. O sábio vê as coisas pela luz do Sol, e o Sol é a ideia do bem. Aquele que está de posse do bem rejeita as atitudes egoístas; age em benefício do outro e, com isso, realiza-se. O egoísmo inviabiliza a ética, a honestidade: a não percepção do mundo ideal desune. O ético pensa na *polis* como um todo e sabe conduzir a política porque, antes, sabe conduzir a si próprio (Helferich, 2006, p. 30-32).

— 1.4 —
O humanismo de Aristóteles

Aristóteles (384-322 a.C.) é um dos grandes pensadores da Antiguidade clássica, o mais famoso discípulo de Platão e também crítico de algumas ideias de seu mestre, o que explica muitos de seus posicionamentos acerca da relação entre a *polis* e o bem comum. Se Platão era voltado ao mundo ideal, Aristóteles se revelou mais concreto, buscando entender como funcionam as coisas deste mundo. "Apesar das diferenças entre Platão e Aristóteles, há muitos pontos que os unem. Tanto Platão quanto Aristóteles acreditam que a filosofia conduz ao discernimento do conceito de bem e que tudo tende a esse bem. Têm eles um compromisso irrestrito com a verdade", assevera Chalita (2017).

Aristóteles era um estrangeiro, vindo de Estagira, em Atenas. Em 335 a.C., fundou o Liceu. Sua vasta obra alcança a *physis* e a metafísica, o homem político, o homem ético, o homem racional e o homem social, oferecendo, portanto, todos os elementos para a compreensão do humano, da justiça e do direito. Ele debruçou-se sobre o estudo da ética dentro de sua teoria política. No entanto, a ética, para a vida humana, só teria razão de ser na *polis* grega, pois Aristóteles fala apenas para os gregos - ele é um dos maiores teóricos do mundo grego. Em sua teoria política, a ideia universal de humanidade inexiste. Por essas razões, é importante contextualizarmos o pensamento de Aristóteles em sua época. A ideia de uma declaração de direitos para todos os humanos ou de uma antropologia democrática só vai ser possível na modernidade. O berço conceitual do que vem a ser o *antropos*, a ética, a virtude, a política, o político (cidadão), a República, a democracia etc. é grego, daí recorrermos constantemente a eles.

— 1.4.1 —
Teoria ética

Em sua obra *Ética a Nicômaco*, Aristóteles traz um conjunto teórico sobre o comportamento ético nas ações práticas do dia a dia. O homem deve buscar ser bem instruído para exercer a atividade política, não só para o debate, mas como um todo no meio social. Somente aqueles que são bem instruídos têm noção do que seja o bem e do que seja o mal, do agir certo e do agir errado. O homem bem instruído tem discernimento porque se instruiu na virtude, criou o hábito de ser virtuoso. A instrução é um aprendizado à felicidade. O homem não nasce virtuoso, mas se educa para sê-lo. Nenhuma educação efetiva-se sem esforço, mas é esse esforço que vai criando em nós o hábito de fazer o que é correto e a virtude de pensar antes de agir (Aristóteles, 1996, p. 119-136).

Sendo virtuosos, evitaremos os excessos e as faltas e não nos deixaremos dominar pelos desejos, mas sobre eles teremos controle. Eis o meio termo aristotélico. Instruídos, agiremos moderadamente. Aristóteles é contra os extremos: nem exageros nem deficiências. Para sabermos o meio termo, temos de exercitar a prudência (*phronesis*) e a sabedoria (virtude do pensamento prático) no dia a dia. Para ele, o virtuoso saberá conter os desejos individuais; nenhum prazer individual deve superar o bem comum. Nenhum prazer que fira a dignidade deve ser buscado. De acordo com o filósofo, o bom comportamento leva à causa final, que é a felicidade, isto é, nossas ações devem ser direcionadas para o bem, a eudaimonia (felicidade). Só atinge a eudaimonia quem for virtuoso, e só é virtuoso quem for instruído. Aristóteles valoriza a obediência às leis, mas valoriza ainda mais o correto e, nesse sentido, o direito dá lugar para que a justiça possa cumprir com sua missão: fazer com que o bem prevaleça (Aristóteles, 1991, p. 35-45).

Para Aristóteles, direito e justiça estão interligados: o direito existe para que as normas realizem a justiça e para que um juiz se prenda à equidade. Um juiz deve ter profundo conhecimento de humanidade, do contrário, não conseguirá julgar como se deve um caso específico, porque todo e qualquer caso está adstrito à condição humana. Por outro lado, um juiz que tem conhecimento humano, mas não o usa sobre o caso que está julgando, comete injustiças. A justiça triunfa quando a sociedade compreende o valor de se educar as pessoas para que sejam virtuosas, pois assim saberão aplicar e interpretar corretamente as leis. O direito será sempre refém do homem. Se, antes de formar o direito que vai efetivar a justiça, formarmos o homem justo, virtuoso, o reino da liberdade estará garantido. Eis o poder e a justiça na *polis*: o ser humano livre para governar e o ser humano livre para ser governado.

— 1.4.2 —
Teoria política

A teoria ética de Aristóteles é indissociável de sua teoria política, já que ele considera a ética e a política a ciência por excelência. O homem não pode ser ético consigo mesmo sem ser ético com o outro, caso contrário, não atingirá a meta para a qual foi criado, que é atingir a felicidade, eis um consenso de verdade única: todos almejam a felicidade. Há os que não a atingem por ignorância, não porque não queiram. Aristóteles faz uma crítica a Platão (quanto à cidade ser governada por reis filósofos). A política é para o homem comum. Um homem político deve ter posses (renda) que lhe dê tempo suficiente (ócio) para se instruir e participar da atividade política com repertório de conhecimento que lhe permita falar na ágora. Somente na *polis* o homem pode desenvolver suas potencialidades, realizá-las e realizar-se como humano. O bem da *polis* é o bem comum e, portanto, o bem dele próprio. Ele deve ter instrução suficiente para reconhecer que o bem individual deve coincidir com o bem comum de toda a coletividade, que é algo maior e mais completo (Aristóteles, 1991, p. 35-45).

O *antropos* (humano) é o *zoon* (animal), e o *antropos* é *politicon* (político), porque só ele é racional. O *antropos* é político porque está dentro da *polis*. Só o animal que vive dentro de uma *polis* é racional, pois a *polis* é fruto do desenvolvimento social, ao mesmo tempo em que afasta o *antropos* do ambiente natural; e só a razão (o logos) pode promover esse tipo de organização, só a razão pode dar uma comunidade justa. Há dois tipos de bens: os partilháveis - que podem ser divididos e distribuídos, como a riqueza - e os participáveis - que não podem ser divididos nem distribuídos, como o poder político. A cidade justa saberá distinguir os dois tipos de justiça: a distributiva e a participativa (Chauí, 1995, p. 382).

Toda a ação visa ao bem: alguém que faz o mal para outrem faz porque, para ele, é bom, necessário; do contrário, não procederia de tal forma. Aristóteles, porém, observa que esse bem pode estar equivocado e argumenta que o homem pode, em algum momento, despertar para o fato de que o maior bem de todos é a felicidade humana. Esse é o uso da reta razão. A razão é um instrumento que serve para as coisas terrenas e para as coisas elevadas, éticas. Se pensarmos em algo terreno de que necessitamos - uma casa, por exemplo -, a razão começa a trabalhar nesse sentido, levantando as possiblidades para tal. Mas, se a razão se coloca a serviço do ideal humano, estará, inexoravelmente, a serviço do bem comum. Se não é a reta razão, ela é, simplesmente, um aparelhamento de nossos instintos e de nosso egoísmo. Se não temos objetivos superiores, somos tal qual um animal irracional.

— 1.5 —
O humanismo sofista

Os pensadores sofistas contribuíram grandemente para o pensamento humanista. Foram os primeiros a dizer que os valores humanos são relativos e que dependem da circunstância de cada um. Contribuíram grandemente para o entendimento da vida humana na *polis*, das leis, da ética e da educação. Buscavam passar o conhecimento a qualquer um que tivesse interesse, pois, na visão deles, qualquer pessoa que estudasse podia tornar-se virtuosa. A virtude não depende da riqueza, mas sim do saber.

— 1.5.1 —
A retórica

Em sua origem grega, o termo *sofista* deriva da palavra *sophos*, que significa "sábio", ou *sophia*, "sabedoria". Gradualmente, porém, a palavra passou a significar a sabedoria geral ligada aos assuntos relacionados à vida social na *polis*, como a política, a ética, a justiça. Foi nesse contexto que surgiram os sofistas: filósofos professores de retórica que foram atraídos para Atenas por ocasião da instauração da democracia. Nessa época, era importante falar bem nas assembleias, onde a participação popular exigia um nível sofisticado de retórica (Chauí, 1995).

Os sofistas diziam que a filosofia daquela época não tinha utilidade para a vida na *polis* e, por isso, estavam dispostos a ensinar aos jovens a arte da retórica para que fossem bons cidadãos.

Como a retórica é a arte da persuasão, com ela esses jovens aprendiam a defender uma opinião e, depois, a opinião contrária, de modo que, em uma assembleia, soubessem ter argumentos a favor ou contra uma opinião e, assim, ganhassem a discussão (Chauí, 1995).

Segundo Martins (2011), os sofistas pensavam a linguagem e constatavam o enorme poder que alguém pode deter se souber fazer uso dela. Eles não pretendiam enganar as pessoas nem ensiná-las a enganar pela manipulação da fala – coisa de que foram acusados –, mas investigar as causas que levam uma fala a ser convincente e outra não. Na verdade, e era isso que enfurecia Sócrates e seus discípulos, os sofistas haviam formulado uma posição filosófica que não confirmava o paradigma de verdade universal estabelecido pelo próprio Sócrates e defendiam que uma verdade, um debate ou uma fala dependiam das circunstâncias para terem validade ou não. Esse novo paradigma mudou o entendimento sobre o discurso, a linguagem e o logos. A elaboração dos sofistas se revela por meio de uma perspectiva "radicalmente pragmática da linguagem e do sentido" (Martins, 2011, p. 449).

— 1.5.2 —
Relativismo

Aos sofistas não interessava chegar à solução correta para um problema específico, mas tão somente que, ao ouvi-los, passassem a concordar com eles. Foi nesse contexto que a palavra *sofisma* ganhou o significado de algo falacioso. Os sofistas eram criticados por venderem suas aulas, mas o problema maior era não concordarem com Sócrates e Platão. Sócrates dizia que os sofistas não tinham amor pela sabedoria, pois faziam a verdade e a mentira terem o mesmo valor. Eles defendiam o conceito de verdade relativa e, portanto, não acreditavam que existisse, por exemplo, uma justiça universal, uma ética universal, uma verdade absoluta. Sócrates e Platão criticavam os sofistas dizendo que aquilo que os sofistas faziam usando da retórica não passava de opinião. Eles achavam que Sócrates estava errado, que era um ingênuo em acreditar que é possível ter uma mesma resposta que fosse verdade para toda a humanidade.

Os sofistas defendiam a verdade relativa, sim, porém rebatiam a crítica de que a verdade relativa era apenas opinião. Para eles, a opinião é fonte de erro porque é desprovida de questionamento, é algo reproduzido sem pensar, sem refletir. Assim, a verdade relativa é algo elaborado, pensado, e não existe outra forma de se entender a verdade que não seja relativizando-a. A verdade relativa é algo mais profundo, é algo justificável. Por exemplo: se formos estudar culturas diferentes, não encontraremos uma verdade universal que amarre todas elas, ou seja, uma verdade que seja comum a todas. A antropologia relativista ou comparativa mostra que aquilo que é considerado o bem para uma cultura, para outra, pode ser o mal. Fazer um churrasco com carne de vaca é algo hediondo para um indiano, por exemplo.

O homem é a medida de todas as coisas, das que são por aquilo que são e das que não são por aquilo que não são. Essa era a proposta fundamental de Protágoras de Abdera (nascido em torno de 491 a.C.). Para esse sofista, a "medida" eram as normas de juízos, e, com isso, pretendia negar a existência de um critério absoluto que diferenciasse verdadeiro e falso. O único critério é somente o homem, o homem individual: tal como cada coisa aparece para mim, tal ela é para mim; tal como ela aparece para ti, tal é para ti. O vento que sopra não é, segundo o critério de Protágoras, nem frio nem quente; para quem está com frio, é frio; para quem não está, não é. Assim, ninguém está no erro porque todos estão com a "sua" verdade (Reale; Antiseri, 2003).

Para Protágoras (citado por Reale; Antiseri, 2003), a verdade é relativa ao tempo em que se vive, aos valores sociais e culturais que são cultuados, cada qual à sua época. Nesse sentido, em torno de cada coisa, há dois raciocínios que se contradizem e para os quais é possível expor razões que se negam reciprocamente. Se não existe verdade absoluta nem valores morais absolutos, a questão é saber como aplicar a sofística de forma que seja útil, conveniente e oportuna, e que o sábio saiba reconhecer essas condições. Protágoras não diz, entretanto, como, no relativismo, se acharia o mensurador em relação à utilidade, pois, para isso, a utilidade teria de se apresentar como objetiva. Na verdade, para Reale e Antiseri (2003, p. 78), está claro que Protágoras não soube dizer em que bases e em que fundamento o sofista poderia reconhecer tal "útil" sociopolítico.

Para sabê-lo, deveria ter se aprofundado na essência do homem a fim de determinar sua natureza - mas, como sabemos, disso se encarregaria Sócrates.

— 1.5.3 —
A palavra cria o mundo

Aristóteles já havia dito, em sua obra A *política*, que o homem é um animal político porque, ao passo que os animais em geral têm voz (*phone*) e com ela exprimem dor e prazer, o homem, e apenas ele, é dotado de linguagem, pois possui a palavra (logos) e com ela exprime o bem e o mal, o justo e o injusto. A palavra *mito* significa "linguagem" (narrativa) e é utilizada para narrar a origem dos deuses e da vida. Essa força criadora da palavra pode ser encontrada, por exemplo, no Gênesis (Bíblia judaico-cristã), em que Deus cria o mundo apenas usando a linguagem: "Faça-se a luz". A linguagem é uma força encantatória. Quando invocada, muda realidades, por exemplo, palavras pronunciadas em liturgias religiosas cristãs (o pão representando o corpo: "Este é meu corpo") ou em tribunais: "Eu juro dizer a verdade" (Chauí, 1995, p. 136-138).

Górgias de Leontine (citado por Reale; Antiseri, 2003), que nasceu aproximadamente em 485 a.C., foi outro importante sofista. Sua posição com relação à retórica é a de que a palavra tem autonomia praticamente ilimitada, uma vez que está desvinculada do ser. Para Górgias, o ser não existe, nada existe e, caso o ser existisse, não poderia ser cognoscível. Para provar essa afirmação, Górgias procurava invalidar o princípio de Parmênides para o qual o pensamento é sempre e só pensamento do ser, e o não ser é impensável. Górgias refuta-o dizendo que há "pensados" que não existem (posso pensar em uma carruagem sobre o mar) e há não existentes que são pensados (a utopia). Há, portanto, ruptura entre ser e pensamento. De acordo com Górgias, a palavra não tem condições de transmitir com veracidade coisa alguma que não seja ela própria. Se não existe possibilidade de alcançar uma verdade absoluta (a *alétheia*), resta, então, a opinião (*doxa*), mas Górgias também a rejeita, reputando-a como a mais pérfida das coisas. Ele, então, vai chamar pela razão, a qual se limita a iluminar os fatos e as circunstâncias da vida humana (Reale; Antisseri, 2003).

Górgias se deteve, então, na arte da retórica, cuja palavra, ao prescindir de toda a verdade, é, ela mesma, portadora de crença e de sugestão (Reale; Antiseri, 2003). No seu niilismo, onde o nada é o fundamento de tudo, a palavra criadora de sentimentos e sentidos é capaz de persuadir os juízes nos tribunais e os cidadãos membros da assembleia ateniense. Seria possível dizer que a retórica produz o engano, porém "quem engana, ou seja, o poeta, é melhor por sua capacidade criadora de ilusões do que quem não engana, e quem é enganado é melhor e mais sábio do que quem não é enganado, pois captou a mensagem dessa criatividade" (Reale; Antiseri, 2003, p. 79).

Assim, como mestres da retórica, os sofistas não ensinavam a manipular, mas sim a arte de debater e discutir, o que leva ao aprimoramento do discurso. Os sofistas refletiram o papel das palavras na mente humana. A retórica não é desprovida de valores éticos. Para os sofistas, o homem constrói, pela linguagem, o mundo, a realidade social. O mundo natural existe, mas quem dá sentido para as coisas do mundo é o humano. Então, o mundo só existe pelos nossos sentidos. Somos nós que dizemos o que as coisas são. O homem não é bom nem mau na natureza, mas, em sociedade, detém o poder da linguagem e, com ela, constrói o que é o bem e o que é o mal, ou seja, constrói o mundo simbólico. Os sofistas concebem a linguagem como ação, e, de fato, a linguagem não consegue dizer, mas tem o poder demiúrgico.

Os sofistas foram necessários para uma Atenas que se abria para a democracia, para a participação política. O cidadão precisava falar, e, nesse sentido, os sofistas o preparariam, fornecendo a habilidade da arte da fala persuasiva. O sentimento de dignidade humana sobressai de modo a ocupar grande parte da história dos direitos fundamentais: a dignidade de falar e de ser ouvido. Os sofistas são os verdadeiros representantes do espírito democrático, da pluralidade conflituosa de opiniões e interesses, da existência plural contra a política aristocrática, na qual somente algumas opiniões e alguns interesses têm o direito de validade para o restante da sociedade (Chauí, 1995).

A democracia é o discurso da contra linguagem, uma posição de resistência historicamente colocada. O discurso não diz o mundo, ele cria o mundo e cria a crença de que o mundo foi criado por outrem (os deuses). O discurso é capaz de gerar compaixão, alegria, tranquilidade, tristeza. Assim, se o discurso não diz o mundo, ele aperfeiçoa ou piora a alma humana. A sofística contribui para um discurso plural em contextos jurídicos – como tribunais ou quaisquer outros lugares onde predomina o contato pelo diálogo. Górgias concebe a linguagem como constitutiva do saber no âmbito da hermenêutica, na conversação própria da atividade exegética circunscrita ao "fato puro" e ao "fato jurídico". Um réu no tribunal terá múltiplas leituras sobre si, e saber qual é a correta não interessa ao sofista, uma vez que sua arte da oratória é apenas fazer com que um argumento aparentemente inferior consiga derrubar um argumento aparentemente superior.

Nesse sentido, a linguagem do direito não pretende coincidir com o mundo, mas nele acontecer, governando o fluxo das interações entre sujeitos nas possibilidades inesgotáveis – em interpretações das normas jurídicas postas e das que estão por vir, nas divergências de opinião durante deliberações argumentativas que, assim como na antiga ágora, buscam a democratização do direito/da justiça por meio das linguagens plurais. A origem das coisas não está nos deuses nem nos elementos da natureza; está no humano, na palavra. Eis o humanismo sofista na cultura da *polis* grega, marcada pelo diálogo e pela busca do consenso. Cada um tem sua medida, e a forma de cada um interpretar dificilmente vai coincidir com a do outro. Qual dessas leituras está correta? Essa não é uma preocupação dos sofistas. Para Protágoras, virtuoso é o sujeito que consegue derrubar o argumento. A virtude está na habilidade de enfraquecer o argumento forte e fortalecer o argumento fraco.

O homem é sua circunstância. Na justiça, a referência é o ser humano. Assim, o humanismo, na aplicação do direito, é um critério hermenêutico protegido por ampla doutrina. Desumaniza-se o direito sempre que se instituir a censura ao diálogo, sempre que os ouvidos se fecharem ao clamor dos que querem obter justiça. Os valores humanistas tiveram continuidade, como pode ser observado nas duas escolas de filosofia que se sequenciaram: a escola epicurista e a escola estoicista, que desenvolveram ideais humanos de felicidade por meio da valorização da serenidade, da resignação e da não ação para mudar as coisas. Os humanistas gregos, entretanto, não ultrapassaram, e nem poderiam, suas determinações históricas e desenvolveram um humanismo voltado apenas ao cidadão grego livre.

— 1.6 —
Claude Lévi-Strauss (1908-2009)

O antropólogo Claude Lévi-Strauss provocou uma verdadeira revolução na maneira de pensar a humanidade ao conviver com os indígenas brasileiros. Foi a partir desses estudos que ele concluiu, de maneira inovadora, que o modo de pensar "deles" (os índios) em nada difere do "nosso". Lévi-Strauss constatou que o pensamento humano, seja o dos ditos povos nativos, seja o dos considerados povos civilizados, apresenta a mesma estrutura, o que impede qualquer um de hierarquizar povos e culturas, como se pudesse haver superiores e inferiores. A partir daí, ele passou a defender, até o fim de sua vida, a diversidade cultural, não só pelo direito de ser diferente, mas pela necessidade que temos do outro para nossa própria compreensão.

— 1.6.1 —
O estudo do homem

A antropologia é a área da ciência que estuda o humano[2] como humanidade e como devir humanizador. A antropologia pode ser dividida em duas grandes correntes: antropologia física e antropologia cultural. Como área do conhecimento, a antropologia sofreu mudanças em seus métodos e enfoques. Até o século XVIII, o saber antropológico estava restrito aos relatos e às crônicas produzidas pelos viajantes em missões missionárias ou comerciais, que descreviam suas impressões sobre os diferentes povos encontrados.

Laplantine (1993, p. 13) observa que os antropólogos não estiveram sempre de acordo na tarefa de constituir o humano como objeto científico. Havia antropólogos, como Radcliffe-Brown, que viam as sociedades como sistemas naturais, devendo ser estudadas de acordo com o método empregado pelas ciências naturais, bem como os que pensaram como Franz Boas, ou seja, que,

2 A preferência pelo uso da palavra *humano*, e não *homem*, tem a ver com os significados distintos que a língua grega confere a ambos: a palavra *homem* vem do radical *andros*, e a palavra *humano* vem do radical *anthropos*, que é a que se adéqua ao nosso propósito.

para se conhecer de fato uma sociedade, é necessário apreendê-la não como sistemas naturais, orgânicos, mas como sistemas simbólicos.

Contudo, foi com Claude Lévi-Strauss que a antropologia sofreu uma mudança substancial. A importância do trabalho e do pensamento desse antropólogo francês vai ser conferida por meio da experiência que teve com tribos indígenas brasileiras. Foi observando o modo de vida dos índios brasileiros que ele provocou os primeiros passos de uma revolução na maneira de pensar a humanidade. Para isso, o antropólogo e filósofo francês se internou no Cerrado, no Pantanal e na Amazônia, fez imersões em etnias como a dos Bororós e dos Nambiquaras e saiu convicto de que a preservação de suas terras está intimamente ligada à preservação de suas culturas. Para ele, a cultura é a arma mais forte que essas etnias têm para lutar por seus direitos. O resultado final dessas pesquisas o levaram a uma conclusão, de fato, inovadora: o modo de pensar dos indígenas é absolutamente idêntico ao nosso (Laplantine, 1993).

Lévi-Strauss mostrou que há uma universalidade do pensamento humano, seja o pensamento dos povos ditos *selvagens*, seja dos povos ditos *civilizados*. A importância disso é mostrar o erro que se faz em hierarquizar povos e culturas como se existissem culturas superiores a outras. O encontro com os índios provocou nesse antropólogo uma defesa intransigente pela diversidade cultural, pela necessidade da existência de povos diferentes, algo que vai além do direito à existência; trata-se da necessidade da existência da diversidade. Para ele, uma humanidade que se pretende igual, civilizada, globalizada, onde todos se parecem, têm o mesmo jeito, comem as mesmas coisas, não faz o menor sentido. Negar às sociedades de andar por caminhos diferentes seria decretar o fim do homem (Laplantine, 1993).

Foi embrenhado nas paisagens do Brasil central que Lévi-Strauss se tornou pioneiro na defesa da natureza. Em sua visão, o indígena, para sobreviver, usa a natureza somente à medida que precisa dela, enquanto que os chamados *civilizados* destroem o planeta. Suas ideias impactaram fortemente o pensamento moderno, principalmente em um dos momentos mais cruciais do século XX: a Segunda Guerra Mundial e as atrocidades acometidas pelo nazismo, que propagava a superioridade de uma raça em relação às outras. Lévi-Strauss aproveitou a experiência que teve com os índios brasileiros para combater todas as teorias racistas. Seu pensamento continua absolutamente atual; basta olharmos a dificuldade que a Europa enfrenta com relação à discriminação de todos os imigrantes. O que Lévi-Strauss nos mostra é exatamente que a discriminação não tem nenhuma justificativa científica.

Outra abordagem de pensamento compartilhada pela antropologia é o estruturalismo, que teve também em Lévi-Strauss seu fundador. Por meio do estruturalismo, a sociedade e sua cultura são tidas como resultantes de estruturas culturais, isto é, são formadas por estruturas nas quais se baseiam costumes, língua, comportamento, economia etc. Lévi-Strauss salienta que as estruturas culturais são produtos da mente humana, porém, construídos socialmente.

— 1.6.2 —
O método estruturalista

Claude Lévi-Strauss foi o primeiro a empregar o método estruturalista na antropologia, que vem a ser o estudo de estruturas universais nos seres humanos - sendo estas irredutíveis e análogas no espaço e no tempo, ou seja, a cultura humana se estabelece com base em certas estruturas -, e identificar quais são essas estruturas é uma das tarefas que ele se propôs a fazer. Lévi-Strauss rompeu com as teorias evolucionistas, segundo as quais as sociedades ditas *primitivas* representam atraso e estagnação, e o Ocidente representa o progresso, porque descobriu nas várias culturas que estudou elementos "invariantes" a essas sociedades, como a proibição do incesto, a capacidade de comunicação, a necessidade de preparar os alimentos (Lévi-Strauss, 1993a).

Lévi-Strauss (1993a) assevera que as sociedades primitivas não estão em função de nenhum critério em um estágio atrasado ou avançado na história da humanidade e acusa o pensamento positivista por tal análise. Ao contrário dessa teoria que vê a sociedade pela perspectiva do processo evolutivo, o estruturalismo possibilita relativizar o pensamento e compreender que a forma de organização das sociedades depende das estruturas sociais. Os diferentes modelos de sociedade necessitam ser estudados como segmentos separados e relativos a si próprios. O antropólogo não deve estudar outra cultura partindo da visão de mundo sua própria cultura, antes, deve considerar e entender a diversidade cultural em sua origem (Lévi-Strauss, 1993a, p. 331-335)

Procurando identificar relações estruturais que são consistentes nessas sociedades, Lévi-Strauss chegou nas relações de parentesco. Ele percebeu nos contextos familiares que as relações entre marido e esposa, entre irmãos, entre tios e sobrinhos, entre pais e filhos são relações muito parecidas exatamente porque são estruturas sociais, o que faz com que essas sociedades sejam muito parecidas. Estudando as estruturas familiares, Lévi-Strauss chegou a uma lei muito consolidada: a proibição do incesto, colocado em seus estudos como *tabu do incesto*. Ele observou que, em todas as sociedades que têm tais estruturas familiares, a prática incestuosa é algo inadmissível, abominável. Debruçou-se, então, em achar a explicação dessa estrutura e dessa proibição. Por caminhos mais complexos, fugindo do senso comum para o qual o tabu é proibido por questões biológicas ou, simplesmente, pelo horror, ele argumentou que, se as sociedades têm horror ao incesto, não seria necessária a proibição, já que naturalmente as pessoas o evitariam (Lévi-Strauss, 1982).

O incesto era proibido por uma questão de manutenção da família enquanto estrutura social. Lévi-Strauss chegou a essa conclusão observando o papel da mulher nessas sociedades. A mulher exercia papel fundamental na constituição da família, na questão biológica da estrutura dessas sociedades. Por ter essa posição de relevância na estrutura familiar, a mulher acabou sendo considerada uma propriedade do homem, que não permitia que sua mulher tivesse relações sexuais com outros membros da mesma família. A filha teria, então, de buscar um homem de outra família, mantendo assim a estrutura familiar. Não se tratava de uma questão sanguínea, fato, inclusive, que eles desconheciam, mas de definir o papel da mulher nessa estrutura.

> A relação global de troca que constitui o casamento não se estabelece entre um homem e mulher como se cada um devesse e cada um recebesse alguma coisa. Estabelece-se entre dois grupos de homens, e a mulher figura aí como objeto da troca, e não como um dos membros do grupo entre os quais a troca se realiza. (Lévi-Strauss, 1982, p. 155)

Portanto, eram dois grupos encabeçados por homens que estabeleciam trocas para a manutenção dessa sociedade onde a mulher não era detentora de nenhum direito, sendo apenas objeto de troca. A citação anterior indica como a base do casamento envolvia um sistema de trocas, que colocava a mulher como um negócio entre homens.

Lévi-Strauss estudou também a religião como elemento estruturante e criou o conceito de **mitema**, definindo-o como a parte essencial de um mito, uma estrutura imutável e similar em várias culturas quanto à origem dos mitos. Ele explicou que as demandas, o que se invoca, o que se pede e o que envolve os mitos estão amarrados por um fator estrutural até mesmo na mitologia (Lévi-Strauss, 1975, p. 238-242). A importância do método estruturalista para a antropologia está em entender as culturas no que elas têm de próprio, e não fazendo comparação com a nossa cultura, sob o risco de acabarmos julgando essas culturas partindo de nossos valores. Lévi-Strauss buscou afastar-se do eurocentrismo como expressão máxima de civilização e cultura. Conceitos eurocêntricos não servem como parâmetro. É preciso estudar as culturas em si.

— 1.6.3 —
Relativismo cultural

Lévi-Strauss trabalhou com dois conceitos: cultura e natureza. **Cultura** designa a sociedade organizada a partir de normas exteriores ao ser, e **natureza** designa a pré-cultura, quando os instintos ditam a norma. A natureza é, gradativamente, substituída pela cultura, mas isso não acontece obedecendo-se a uma regra de tempo geral, como prescreve o darwinismo social, mas sim no tempo próprio de cada grupo; tampouco significa a inferioridade dos que se encontram mais próximos da natureza e a superioridade dos que agregaram mais elementos culturais. As sociedades mais complexas não são, de forma alguma, superiores, como o darwinismo social definiu por meio da eugenia na Europa do século XIX, fato que vamos ver mais adiante.

Essa crítica aparece em um ensaio denominado *Raça e história* (1993c), publicado em 1952, onde Lévi-Strauss se coloca, de modo contundente, contrário à noção de evolução cultural, acusando-a de entranhar-se no senso comum como meio de explicar as diferentes culturas. A perspectiva de que houve uma evolução a partir dos primitivos do neolítico às grandes civilizações antigas, resultando no progresso europeu, como se fossem frutos de avanços lineares que culminariam nas instituições modernas, tornou-se um modelo ultrapassado, um truque, argumentava Lévi-Strauss (1993c), por apresentar alto teor conjectural. A tese darwinista da evolução das espécies, em que pese a forte influência que exerceu na antropologia, é, no entanto, posterior ao evolucionismo cultural.

Classificar o grande acervo de dados sobre as civilizações humanas, obtido em função do aumento de regiões colonizadas e do trabalho dos arqueólogos no Oriente Médio, e, após, dispô-las em sequência, levando em conta a cultura material e imaterial para, assim, apontar a sociedades superiores e as inferiores, passou a ser visto com grande reserva por outros antropólogos. Sob o prisma do evolucionismo, a antropologia teria grande dificuldade em entender as diferenças culturais, pois, afinal, o evolucionismo cultural não passava de um olhar distorcido pelo etnocentrismo. Negar o valor da diversidade cultural é não avançar na compreensão de maneiras de viver e pensar diferentes do padrão do homem ocidental, padrão este que o faz se colocar no lugar da superioridade evolutiva.

Herdeiro da sofística, Lévi-Strauss (1993c) nos exortou sobre relativizar as culturas em si próprias e perceber que a forma de organização das sociedades depende apenas de suas estruturas culturais. Para ele, o etnocentrismo é fonte de erro, fazendo com que não se dê o valor devido às sociedades não ocidentais. Assim, colocar-se no lugar da outra civilização faz-nos rejeitar as teses etnocêntricas de que todas as culturas evoluem por etapas similares. No lugar do etnocentrismo, Lévi-Strauss (1993c) propôs o paradigma do relativismo cultural, que apreende o mundo pela perspectiva da diversidade. Portanto, não existe uma explicação única para o desenvolvimento das culturas, bem como não existe cultura atrasada, ruim ou inferior. Todas as culturas são boas, apenas se desenvolvem de diferentes maneiras (Lévi-Strauss, 1993c).

— 1.6.4 —
Humanismo e direitos humanos

Uma contribuição de Lévi-Strauss (1993b) para o direito encontra-se em um estudo denominado Os *três humanismos*, uma abordagem absolutamente útil em matéria de direitos humanos, embora pouco destacado do pensamento desse antropólogo. Nessa obra fundamental, a antropologia, sendo o estudo do homem, vai ser inserida dentro do pensamento humanista. Nesse estudo, Lévi-Strauss (1993b) diz que a antropologia aparece como uma ciência nova – embora não seja, pois apenas se designava *humanista* –, refinada, que procura identificar a curiosidade do ser humano não apenas diante dos objetos, dos costumes e das crenças dos povos ditos *selvagens*, mas também vai acabar identificando a percepção do ser humano em relação a culturas mais recentes, considerando-as mais evoluídas, o que concorreu para um profundo deslocamento na perspectiva que temos sobre o mundo e sobre nós mesmos. A antropologia, nessa obra de Lévi-Strauss (1993b), é marcada por três etapas distintas: (1) a do Renascimento; (2) a dos séculos XVIII e XIX; e (3) a do humanismo democrático.

O **humanismo renascentista** (séculos XV e XVI) marcou o reencontro do homem moderno com a Antiguidade clássica. A cultura greco-romana instigava o humano da Renascença a admitir que nenhum povo é capaz de pensar a si próprio sem que haja outros povos e sociedades que lhe permitam traçar um paralelo, fazer comparações que lhe sirvam, enfim, para seu autoquestionamento e conhecimento. O Renascimento foi um movimento de intensa atividade intelectual que acabou por delinear uma primeira configuração de antropologia. O conceito central, aqui, é o antropocentrismo, que, ao mesmo tempo em que rompeu com os paradigmas do teocentrismo medieval, acabou, por outro lado, fortalecendo os valores ideológicos da nova classe em ascensão, a burguesia (Lévi-Strauss, 1993b).

Por meio desse novo modelo de ver o mundo, o humanismo do Renascimento representou a evolução do pensamento humano ao recuperar nos escritos antigos, métodos e questionamentos, entre os quais a noção de que, para entender-se o ser humano, é preciso colocar sua própria civilização em perspectiva, pôr em xeque suas próprias convicções e pontos de vista ante as de outros períodos e lugares. A experiência do outro e o estranhamento de si forja um saber antropológico, uma ciência do estranhamento e, por conseguinte, da alteridade. A técnica do estranhamento permite que nós nos reconheçamos no outro, em suas similaridades e diferenças. É no exercício do estranhamento que o indivíduo se enxerga e se afirma como sendo, da mesma maneira, o outro. O indivíduo é, aliás, uma das mais importantes características do humanismo renascentista, como agente de mudança, crítico e livre.

O **humanismo dos séculos XVIII e XIX**, segundo Lévi-Strauss (1993b, p. 278), ampliou-se "com o progresso da exploração geográfica", e, nesse contexto, os interesses burgueses pairavam acima do patrimônio cultural que se descortinava aos seus pés. As ambições industriais e mercadológicas do homem europeu o levaram a ter atitudes negativas em termos de humanidade, na medida em que era portador de valores e convicções conectados ao **etnocentrismo**, ou seja, enxergava o outro a partir de suas próprias lentes culturais: a cultura europeia. O outro, o nativo das Américas e da Ásia, mesmo portador de um vasto acervo cultural, não conseguiu se fazer aceitar como um outro humano. O extermínio, a escravização, o apagamento e a negação de suas identidades culturais foram considerados, mais tarde, crimes contra a humanidade.

O **humanismo democrático** é, também, a sua última etapa, porque, após ela, "o homem nada mais terá para descobrir sobre si mesmo, pelo menos em extensão" (Lévi-Strauss, 1993b, p. 279). O humanismo do século XX mostra a importância das sociedades primitiva para nossa autocompreensão, algo que, segundo Lévi-Strauss (1993b), estamos longe de alcançar. A antropologia supera, aqui, o humanismo das duas primeiras etapas em todos os sentidos, pois produz conhecimentos que se afastam dos interesses das classes privilegiadas para alcançar os povos das comunidades mais humildes. E, na medida em que abrange toda a Terra, porque se interessa por todas as sociedades, primitivas ou complexas, o terceiro humanismo constitui a história do pensamento e da cultura humana em todas as suas dimensões (Lévi-Strauss, 1993b).

Lévi-Strauss demonstra grande apreço pelo humanismo dos filósofos antigos e o considera um dos grandes acontecimentos que possibilitaram as ciências do homem. O antropólogo e filósofo francês encontra inspiração "no cerne das sociedades mais humildes e desdenhadas, e proclama que nada de humano poderia ser estranho ou bizarro ao homem, e funda assim um humanismo democrático que se opõe aos que o precederam: para privilegiados, a partir de civilizações privilegiadas" (Lévi-Strauss, 1993b, p. 277). Esse humanismo aberto, democrático e universal defendido por Lévi-Strauss proíbe que se conheça o homem primitivo (sociedades ágrafas) por oposição ao homem civilizado (sociedades da escrita), mas exorta que as investigações possam conduzir à compreensão de todos os povos por meio de suas culturas. O estudo do pensamento primitivo, perpetrado pela antropologia estrutural, é muito importante para o homem ocidental, pois o permite saber que aquelas formas de pensamento lhe pertencem, embora lhes fossem ignoradas.

Capítulo 2

Primórdios da antropologia e a questão da diversidade

Lévi-Strauss considera Rousseau o fundador das ciências do homem e faz uma homenagem a ele em "Jean Jacques Rousseau, fundador das ciências do homem". Mais do que fundador, Lévi-Strauss o situa como o primeiro pensador que colocou em questão a passagem do homem do estado natural para a cultura. Em seu livro *Discurso sobre a origem e os fundamentos da desigualdade*, Rousseau fala da importância de se estudar os povos e seus costumes, sua política, sua religião e sua moral, para com eles aprender e conhecer nossos costumes. O filósofo suíço estudava as diferenças entre os seres humanos para chegar naquilo que não nos diferencia, isto é, naquilo que trazemos da natureza para a sociedade, concluindo que o elemento da natureza mais importante e de que todos nós compartilhamos é a piedade (Lévi-Strauss, 1993a).

Lévi-Strauss (1993a), tomando como base Rousseau, fez uma revisão acerca da postura etnocêntrica arrogante da antropologia, afirmando que as hierarquizações culturais civilizatórias, principalmente quando compara as sociedades primitivas com as sociedades complexas, são preconceituosas. A cultura que se julga superior se coloca no lugar de definir quais povos podem e quais não podem compartilhar da condição humana. O filósofo inaugurou, assim, aquilo que chamou de *estudo do homem por inteiro*, em que o estudo das diferenças entre povos primitivos (simples) e povos civilizados (complexos) deixe de ser a ciência das diferenças para ser uma ciência da alteridade, ou seja, uma ciência que busca a compreensão das diferenças, em que grupos sociais outrora excluídos da condição de humanidade possam ser reconhecidos e considerados parte integrante do universo humano. O homem precisa ser reinventado.

> Numa sociedade civilizada, não poderia haver desculpa para o único crime realmente imperdoável do homem, o de acreditar-se permanentemente ou temporariamente superior, e tratar homens como objetos-seja em nome da raça, da cultura, da conquista, da missão ou simplesmente do simples uso de um expediente. (Lévi-Strauss, 1993, p. 50)

Lévi-Strauss compartilha da visão de Rousseau quando escolhe identificar o humano como vivente: identificar-se com o outro não porque ele é humano, mas porque ele vive. É precisamente aqui que Lévi-Strauss funda um humanismo democrático e radical que clama pela conciliação do humano com a natureza.

— 2.1 —

A descoberta do Novo Mundo e o problema da diversidade

Antes de se firmar como disciplina científica, fato que ocorreu apenas no século XIX, a antropologia ocupou-se em estudar, primeiramente, a história natural e física do homem, isto é, seu processo evolutivo, no espaço e no tempo. No entanto, ao limitar seu campo de estudo às características físicas do ser humano, à sua antropometria, deixou de apreendê-lo em sua totalidade como ser cultural, histórico e social. Além disso, em seus primórdios, a antropologia se estabeleceu como instrumento de dominação europeia, legitimando a colonização, principalmente a europeia, sobre os povos conquistados. Surgiu, assim, a ideia de uma Europa civilizada, cuja superioridade humana seria a medida do ser civilizado em face do desumano primitivo e bárbaro. Chamado, posteriormente, de *etnocentrismo eurocêntrico*, essa postura provocou um verdadeiro choque cultural, na medida em que repudiou manifestações culturais diferentes das suas. Práticas religiosas, estéticas, jurídicas e morais estranhas às suas foram consideradas selvagem ou bárbaras, evocando algo de animalesco em oposição à civilização humana.

As raízes históricas da reflexão antropológica iniciam-se, propriamente, com a descoberta de outros povos pelos desbravadores, principalmente dos chamados *povos do Novo Mundo*. A partir desse período, o problema da diversidade cultural ocupou a consciência ocidental de forma dramática. A descoberta desses povos vinha impregnada de relatos tão aberrantes que a condição humana dos nativos foi posta em xeque. Duvidou-se da crença na teoria monogenista de que todas as raças se originam de um único ramo. Os jesuítas descreviam os povos recém-descobertos com base em suas visões de mundo e comparavam as diferenças entre as respectivas culturas a partir de ideias preconcebidas.

Vimos que, no ressurgimento da cultura greco-romana, os pensadores daquele período elaboraram um recurso intelectual entendido como *técnica do estranhamento*, que consiste em uma atitude de perplexidade ante outras culturas, permitindo que aquilo que antes era considerado natural, normal, correto, passe a ser problematizado. Assim, de acordo com Laplantine (1993), o estranho, o diferente acaba por provocar uma crítica sobre o observador e seus costumes, considerados tão familiares. Sobretudo, educa o olhar sobre o outro e sua cultura, fazendo-o admitir que existem mil possibilidades de representar o mundo e a vida. O reconhecimento de que existem pluralidades culturais permite também reconhecer que todos temos uma gama extraordinária para idealizar e realizar nossas crenças, nossos hábitos, nosso idioma, nossas instituições. A experiência da alteridade nos impulsiona a ver em nós mesmos aquilo que passava despercebido, dada a dificuldade que temos em prestar atenção no que nos é habitual. Descobrimos, então, que nada é natural em nós, pelo contrário, tudo é construído e adquirido por aprendizagem, e quando fazemos esse exercício, passamos a nos surpreender conosco mesmos (Laplantine, 1993, p. 21-22).

Estudar as culturas pela técnica do estranhamento traz o saber sobre nós mesmos e sobre nossa cultura; eis a antropologia de Lévi-Strauss. É necessário termos esse outro que nos sirva de referência: somos apenas uma entre milhares de culturas que existem. De acordo com Laplantine (1993, p. 38, 53), a descoberta do Novo Mundo criou o contexto das discussões sobre a aceitação/recusa do outro. O encontro da Europa com novas culturas fez emergir duas ideologias concorrentes: o fascínio pelo estranho e a recusa do estranho.

— 2.1.1 —
Fascínio pelo estranho

Essa ideologia consiste na má consciência que o indivíduo tem de si e de sua cultura, colocando-se como mau civilizado em oposição ao bom selvagem. Podemos observar essa argumentação no debate que ficou conhecido como *Controvérsia de Valladolid*, em 1550-1551, entre o padre dominicano Bartolomeu de Las Casas e o jurista Juan Ginés de Sepúlveda. Las Casas, missionário, acreditava na bondade natural dos indígenas contra a maldade dos conquistadores. Ele não enxergava a justiça no processo de colonização dos indígenas americanos e os considerava vítimas inocentes, que nada fizeram aos espanhóis que justificasse a escravidão. Assim, Las Casas refutou o argumento de que a guerra pela escravidão é justa, visto tratar-se de seres naturalmente inferiores. Em uma de suas falas, Las Casas (2005) negou o argumento dos que querem aplicar aos índios americanos o conceito aristotélico de escravos por natureza, quando Aristóteles se refere aos bárbaros como escravos por natureza, por terem péssimo caráter, serem cruéis e ferozes e não andarem de acordo com a lei e o direito. Essas características, ressaltou Las Casas (2005), não são atribuições de um povo inteiro, senão de indivíduos, que podem ser qualquer povo, inclusive espanhóis.

Las Casas (2005) alegava que os indígenas se equiparavam ou até ultrapassavam muitas nações europeias quanto à organização social e às ordens políticas. Ele não aceitava que nações como França, Inglaterra e Espanha acusassem os nativos de perversão, violência e covardia, quando elas mesmas, no trato com os nativos e ao longo de suas próprias histórias, agiram com perversidade, irracionalidade, covardia e depravação. A forma violenta de os tratar de selvagens demonstrava sua pouca prudência (Las Casas, 2005).

O francês Michel de Montaigne, da mesma época que Las Casas, descreveu um evento entre o rei da França e um cacique tupinambá em plena corte em Paris. A França havia estabelecido território no Brasil, e o rei Carlos IX, desejoso de conhecer os hábitos estranhos dos nativos, levou três indígenas para a corte francesa. Montaigne (2010) relata que os chamados *selvagens* ficaram tão espantados quanto os franceses, porém os "selvagens" notaram que, enquanto homens ricos e bem nutridos gozam de boa vida, às suas portas outros homens mendigam alimentos e roupas, emagrecidos pela fome e pela pobreza.

— 2.1.2 —
Recusa do estranho

Essa ideologia se exprime pela boa consciência que o indivíduo tem de si e de sua sociedade, colocando-se o bom civilizado em oposição ao mau selvagem. O jurista e historiador Juan Ginés de Sepúlveda (1941) defendeu a escravidão dos indígenas baseado na teoria da escravidão natural, de Aristóteles, que, em suma, legitimava a guerra contra aqueles que, por uma condição natural, deviam obediência a outros que nasceram para "comandar", os senhores por natureza, aqueles que superam em prudência e razão. No outro lado estavam os considerados "incapazes de levar uma vida racional", sendo destinados "pela própria natureza a servir aos homens mais sábios e prudentes, seus superiores naturais" (Gomes, 2010). Ao justificar ideologicamente a natureza bárbara e a escravidão dos nativos, abria-se caminho para a aplicação da doutrina da barbárie, uma doutrina esquecida, anunciada há 20 séculos por Aristóteles. Segundo o filósofo: "Um ser que, por natureza, não pertence a si mesmo, mas a um outro, mesmo sendo homem, este é, por natureza, um escravo. É uma posse e um instrumento para agir separadamente e sob as ordens de seu senhor" (Aristóteles, 1991, p. 14-15).

A aplicação dessa teoria tinha apenas uma finalidade: garantir os territórios recém-descobertos e dispor de mão de obra gratuita. Se os indígenas eram escravos natos, a guerra vencida contra eles tinha o duplo e bom propósito de buscar a paz, consequentemente, era lícito aos cristãos a escravidão e a tomada das terras.

A guerra tinha o bom propósito de melhorar a vida dos indígenas, dando-lhes a fé e a moral e afastando-os dos vícios, do canibalismo, da preguiça, da mentira e da idolatria. Gonzalo Fernández de Oviedo y Valdés e Francisco López Gomara (citados por Assis; Kümpel, 2011), historiadores e cronistas da época, relatam que, ao fazer aceitar aos indígenas um único Deus, os colonizadores cristãos arrancaram-lhes a sodomia, os sacrifícios humanos, a ociosidade e a covardia. A propagação forçada da fé cristã pela moralização dos comportamentos tornou-se o justo motivo da guerra, que não só facilitou o trabalho dos colonizadores, mas também serviu para dogmatizar a discriminação e incitar a violência (Assis; Kümpel, 2011).

Note-se que o argumento da escravidão natural não foi posto em xeque pelos teólogos e filósofos da época. Mesmo Hegel, no século XIX, perfez a trilha da recusa do estranho ao argumentar sobre as diferenças culturais. Destacou ele a sincronia entre filosofia e cultura e, por conseguinte, formas de governo desenvolvidas como critério de superioridade do homem europeu ante a selvageria de indígenas americanos e africanos (Assis; Kümpel, 2011). Sepúlveda (1941) não via violência na escravidão, uma vez que era uma condição nata daquele povo, diferentemente da escravidão legal, por dívida, por exemplo. Para Sepúlveda (1941, p. 41), a escravidão era uma condição nata da pessoa, podendo ser identificada naquele que não faz uso da razão e cujos hábitos contrariam a tudo o que é "humano". O indígena, assim, não é visto como um animal propriamente dito, mas como algo intermediário entre o humano e o animal.

Las Casas (2005) recusava-se a aceitar os indígenas como seres bárbaros sem que houvesse – e não havia – uma definição clara que os pusesse nesse patamar. Ele não via como cristão o fato de haver uma guerra para obrigá-los a aceitar uma fé cuja base é o amor ao próximo e iguala todos como filhos de Deus. Não eram bárbaros, antes, eram irmãos. Las Casas (2005) tinha a convicção de quem convivera por décadas entre os povos americanos e não aceitava, de forma alguma, o argumento da inferioridade cultural dos nativos. Dizia ele que nem a Igreja nem os reis têm jurisdição para condenar os crimes de um povo que não conhece as leis do Estado cristão. Mesmo a prática canibal não é pior ou maior do que a guerra para escravizá-los, aliás, com um número muito maior de vítimas. Conforme Las Casas (2005), aquela conduta religiosa era a correta para eles, tida pelos próprios como a vontade dos deuses. A evangelização jamais ocorreria pela força, mas "com razões para persuadir o entendimento e com suavidade atrair e exortar à vontade" (Las Casas, 2005, p. 59).

O humanismo renascentista de Las Casas baseava-se nas mesmas bases filosóficas e cristãs de Sepúlveda, porém sem a marca da truculência. Seu humanismo é forjado no pacifismo cristão pelo princípio da igualdade entre todos os seres humanos, independentemente de seu grau civilizatório. Ao conferir humanidade ao indígena, Las Casas (2005) mostrou uma atitude de extrema alteridade, principalmente por ser um homem do século XVI. Sepúlveda (1941), em oposição ao progressismo de Las Casas, justificava a escravidão indígena utilizando-se, como já visto, da premissa da escravidão natural de Aristóteles. Concluímos, assim, que, da famosa controvérsia, foram gestados tanto os fundamentos que visam proteger a pessoa humana quanto a argumentação científica para a escravização e a colonização do Novo Mundo. Quatrocentos anos mais tarde, sobre os escombros dos governos totalitários, a Organização das

Nações Unidas (ONU) publicou, em 1948, a Declaração Universal de Direitos Humanos (DUDH), mostrando que, se a discussão e a positivação dos direitos fundamentais fosse uma agenda de políticas públicas reais, tragédias humanas teriam sido evitadas (Unicef, 2021).

— 2.2 —
Ciência e etnocentrismo

Lévi-Strauss (1993c) observou que, quando discriminamos culturas, identificamo-nos mais completamente com o que pretendemos negar. Ao recusar o estranho (indígena, africano), negando-lhe o *status* de humano, o colonizador colocou em suspeição sua própria condição humana: "O bárbaro é inicialmente o homem que acredita na barbárie" (Lévi-Strauss, 1993c, p. 335). Em contrapartida, o mundo se deparou com grandes esquemas de pensamento religioso (budismo, cristianismo, islamismo) e filosófico (estoicismo, kantismo, marxismo) que, somados às declarações dos direitos humanos, refutaram essas aberrações e proclamaram a igualdade natural entre todos os seres humanos e o direito à heterogeneidade cultural.

Conflitos culturais forjam direitos desiguais de sobrevivência e desempenho individual no espaço social. E não mais estamos falando dos ditos *bárbaros*, mas dos inferiorizados socialmente em plena contemporaneidade.

Em tempos atuais, não obstante todas as lutas por inclusão, percebemos a permanência da ideologia da recusa do estranho. Assim, os autoconsiderados superiores e evoluídos continuam a colocar um muro que os separa dos inferiores e atrasados. Chauí (1995, p. 281-282) destaca que o posicionamento da ciência como algo verdadeiro e neutro é mito, na verdade, é uma ilusão pensarmos que existe neutralidade na ciência. Essa imagem de ciência desinteressada, afastada da vontade do cientista, é ilusória. Quando cientista delimita seu objeto ou opta por determinado método, não está sendo neutro nem imparcial (Chauí, 1995).

É precisamente aqui que o racismo não foi, de fato, uma ideologia política apenas, mas uma teoria travestida de cientificidade, fortalecida por dados fornecidos pela biologia, pela psicologia e pela antropologia, de modo a transformar diferenças étnicas e culturais em diferenças biológicas naturais imutáveis, dividindo a sociedade em seres humanos superiores e inferiores, dando aos ditos *superiores* fundamentos para dominar, explorar e, mesmo, exterminar os considerados inferiores. Sim, para além de Sepúlveda (1941), um jurista historiador, antropólogos também afirmaram haver duas formas de pensamento: o pensamento lógico-racional dos civilizados europeus, brancos e cristãos; e o pensamento pré-lógico, pré-racional dos selvagens, africanos, indígenas, aborígenes.

A ciência é cooptada pelas relações de poder. Não interessava à época, por exemplo, à poderosa Igreja Católica a ciência que Galileu Galilei estava produzindo, por ser esta contrária aos seus dogmas. A Igreja romana se via ameaçada por uma nova concepção científica contrária ao entendimento que a colocava abaixo do celestial, mas acima dos reis, em uma hierarquização das relações até chegar aos servos. Nesse sentido, pesquisas são e foram custeadas por quem detém o poder: Igreja, reis, burgueses e Estado. Ela não é neutra, eles não são neutros, mas utilizam-se dessa imagem para, na maioria das vezes, ocultar a origem e a finalidade dos estudos em prol dos que os financiam.

— 2.2.1 — Choque de culturas: Ocidente × Oriente

Edward Said teve um papel destacado na crítica ao pensamento imperialista cultural ocidental moderno sobre a cultura oriental. Said questionava exatamente sobre uma dominação produzida pela cultura e que, em certa medida, foi ocultada por essa mesma cultura. Ele considerava que, antes de se buscar entender as questões do imperialismo do Ocidente, era necessário estudar essa cultura tanto da perspectiva da apologia quanto da perspectiva da resistência anti-imperialista, a qual, aliás, quase nunca aparece nas produções acadêmicas dos autores ocidentais: "Os grandes praticantes da crítica [literária] simplesmente ignoram o imperialismo" (Said, 1995, p. 102). Por isso, ler, estudar e analisar a cultura literária ocidental voltada para a cultura oriental seria uma forma de "extrair, entender, enfatizar e dar voz ao que está [...] marginalmente presente ou ideologicamente representado em tais obras" (Said, 1995, p. 104). Nesse sentido, as lutas simbólicas (culturais) têm fundamentos e efeitos econômicos.

Iniciado no século XX, o poder hegemônico exercido pelos Estados Unidos construiu a crença de que são representantes de uma ordem mundial efetivamente democrática e, com isso, conseguem assegurar a uma parcela privilegiada do mundo dos negócios a preservação de um controle substancial dos recursos mundiais humanos e materiais e dos descomunais lucros advindos desse controle. Por isso, a cultura da ideologia política e econômica dos Estados Unidos encontra adeptos em todo mundo dos negócios. Para tanto, é necessário ao aparato ideológico ocidental que se instaure um "fosso entre o Ocidente civilizado, com seu tradicional compromisso com a dignidade humana, a liberdade e a autodeterminação, e a brutalidade bárbara daqueles que, por alguma razão – talvez genes defeituosos –, não conseguem apreciar a profundidade desse compromisso histórico" (Said, 1995, p. 351), tão bem demonstrado pelas guerras americanas na Ásia.

Assim, vão sendo criados estereótipos à cultura árabe: jornais, revistas, artigos e livros acadêmicos ressaltam a violência como algo inerente à cultura árabe, que o Islã é uma religião intolerante, fanática e impiedosa contra as mulheres. Com tal análise, Said (1995) não pretende minimizar ou ocultar os problemas e entraves políticos e sociais do mundo árabe, mas está na busca de outro paradigma que se mostre capaz de inovar a pesquisa humanista na desmistificação das construções culturais. Uma coisa é o fato de que países árabes, em maior ou menor grau, não vivenciam uma democracia e que alguns outros países estão subjugados a ditaduras; outra coisa é aceitar ideia de que os Estados Unidos sejam um virtuoso e inocente portador da democracia (Said, 1995).

O fato de a contribuição desses povos só aparecer furtivamente nas histórias gerais das civilizações, somado à negação da cultura oriental, contribui para a enorme ignorância e má vontade do Ocidente. Podemos fazer um paralelo com o fato de nomes brasileiros de peso, como Machado de Assis, Lima Barreto e Antônio Cândido, entre outros, estarem ausentes desse universo. Isso explica, em grande parte, o desprezo que recebem os imigrantes.

— 2.2.2 —
Imperialismo, cultura e democracia

Com a humanidade em pleno século XXI, importa avaliarmos a relevância do humanismo neste milênio como prática persistente na defesa da livre expressão cultural e autodeterminação dos povos, e não como retórica vaga sobre seus louváveis atributos. Afinal, como vimos, a colonização dos povos latino-americanos aconteceu em nome do humanismo. Enquanto o humanismo se fizer representar pelas potências imperialistas e seus interesses mercadológicos, é necessário, como procedeu Lévi-Strauss, fazer a crítica ao humanismo em nome do humanismo, propondo um humanismo radicalmente democrático e global, compreendido racionalmente, aberto a todas as sociedades, em permanente processo de autocrítica, com a capacidade de ter assimilado as lições do passado, enfim, um humanismo livre de clichês e movido por ideais de justiça e igualdade.

A relação entre cultura e império foi contaminada por estereótipos construídos sobre "o jeito" do colonizado. A forma de ser do colonizado é transformada em coisa selvagem que necessita, portanto, de disciplina, quando não de açoite, para que a "tarefa" europeia de "levar a civilização até lá" possa ser cumprida a contento (Lévi-Strauss, 1993c, p. 328-329).

Quem detém o poder da narrativa detém também o poder de impedir narrativas diferentes. A cultura oficial gera nos cidadãos a identificação com a nação, faz com que a amem a ponto de pouco questionar a noção de raça inferior, quando seus países estão no papel de colonizadores - como tão claramente se evidenciou quando Inglaterra e França governaram, respectivamente, a Índia e a Argélia. O etnocentrismo das potências ocidentais dita as regras para o resto mundo, nos negócios, na arte, nas leis e na política. Constrói sua imagem associada à luz da civilização, ao mesmo tempo em que nega aos colonizados sua própria cultura e história independentes.

A ascensão do Ocidente sobre os demais povos começou a se projetar no século XIX sob a forma de colônias ou de protetorados.

Após a Segunda Guerra Mundial, com o processo de desmantelamento das ordens coloniais, o imperialismo foi deixando fisicamente os territórios dominados, o que não significou liberdade plena. O colonialismo - consequência do imperialismo - continuou a exercer influência de forma sutil, imperceptível, abrangendo ideias, imagens e representações que incluem a "noção de que certos territórios e povos precisam e imploram pela dominação" (Said, 2005, p. 40).

A literatura desempenha um papel crucial nesse processo, na medida em que passa a ser produzida para coincidir com a cultura ocidental. As culturas dos povos da América Latina, de boa parte do Oriente Médio, da África e da Ásia se sujeitam, em maior ou menor grau, aos vários sistemas de disseminação da visão de mundo do dominante e padecem das ações do poder que com tal força desfiguram a vida humana.

— 2.3 —
Hegemonia cultural e multiculturalismo

Iniciamos o assunto reiterando Lévi-Strauss em defesa da multiplicidade de culturas - etnias -, em que cada uma delas tem sua história particular. Não devemos, assim, comparar culturas porque não há cultura modelo, melhor ou pior. Ao passo que a hegemonia cultural tende a padronizar e hierarquizar culturas, o multiculturalismo não faz juízo comparativo entre culturas, exatamente porque devemos respeitar as diferenças culturais. Com o multiculturalismo vem o conceito de relativismo cultural, segundo o qual não existem valores universais, padrões universais.

— 2.3.1 — Intolerância e movimento multiculturalista

O multiculturalismo é uma área do conhecimento direcionada às diferentes culturas existentes no mundo, visando à relevância e ao reconhecimento de cada cultura a fim protege-las de violência, segregação e preconceito. O multiculturalismo é também político, na medida em que prioriza a luta pelos direitos civis dos grupos subalternos, apartados pelo não pertencimento àquilo que se estabelece como cultura padrão, considerada superior, idealizada no homem branco, anglo-saxão, heterossexual, classe média e cristão. Ao não se submeterem ao silenciamento imposto, minorias desafiam o *status quo*, articulando-se por meio de ações políticas nos movimentos negro, feminista, LGBTs, dos deficientes etc. A intolerância é hoje um dos assuntos que mais interessa à antropologia e à antropologia jurídica, justamente em razão do que vem acontecendo no Brasil e no mundo e aos desafios que se apresentam como barreiras à justiça social.

O movimento multiculturalista, por sua vez, compreende que um Estado nacional, ao abrigar a cultura de vários povos, torna-se culturalmente fragmentado - caso dos Estados Unidos, por exemplo – e, por esse motivo, não pode afirmar que haja uma única cultura, ou que essa cultura se pretenda hegemônica. A hegemonização cultural estadunidense e o movimento multiculturalista só podem ser compreendidos na conjuntura do mundo globalizado, no contexto de grandes processos migratórios e dos conflitos gerados pelo desprezo e repúdio às identidades culturais de determinadas minorias. A questão, contudo, não é a diversidade cultural em si, mas o fato de essa diversidade ser tratada de forma preconceituosa e intolerante (Kuper, 2002).

Mesmo que o Estado firme políticas multiculturalistas, o que insiste em permanecer é a cultura da identidade nacional, hegemônica, que decreta e infunde seus códigos a todos. O continente americano, incluindo o Brasil – um país multicultural –, tem histórico de discriminação às populações negras e indígenas – e o Brasil, especificamente, discrimina nordestinos. Debater esse tema desnuda o modo como lidamos com a diversidade, seja ela étnica e religiosa, seja sexual e política, e nos faz entender por que pessoas comuns e pacatas exacerbam em convicções nacionalistas para desqualificar a identidade cultural do outro. O movimento multiculturalista contesta a existência de uma cultura padrão, que serve de modelo para todas as outras culturas, e prega o direito de ser diferente.

A atual crise dos refugiados mostra o lado cruel da rejeição e da intolerância aos imigrantes. Dados do Alto Comissariado da Nações Unidas (Acnur, 2021) têm destacado, por exemplo, os violentos ataques a grupos de refugiados sírios na Alemanha.

Rejeições às migrações forçadas levaram o então secretário geral da ONU, Ban Ki-moon, a pedir mais solidariedade à comunidade internacional (Franco, 2016).

O movimento multiculturalista entende e acolhe as reivindicações de grupos que são forçados a se deslocar em virtude da opressão histórica que sofrem em seus territórios, bem como trabalha em prol da aceitação de suas identidades e do respeito ao seu modo de ser pensar e agir.

Nesse sentido, o tema *diversidade* deve ser debatido tanto no espaço político quanto no de ensino, bem como na produção de cultura. O educador Paulo Freire (2007), ao defender que o objetivo maior da educação deve vir da elaboração do diálogo e da consciência do outro, produziu algumas proximidades entre a pedagogia, a antropologia e o campo jurídico, no sentido de haver uma articulação entre esses campos quanto a entender e respeitar o "saber-fazer" comunitário e suas demandas sociais, na condição de um autêntico ponto de partida para a produção do conhecimento. São disciplinas em que a ciência caminha ao lado do apreço e do respeito pela alteridade.

O movimento multiculturalista defende a pluralidade de identidades culturais, opondo-se à padronização e à estigmatização impostas por grupos nacionalistas. É necessário rememorar que a ascensão do partido nazista alemão se consolidou com o culto a uma cultura originalmente nacional, produzindo, posteriormente, a intolerância, o isolamento, a repressão e, por fim, a eliminação. Promover o direito à diferença nas interações humanas são possibilidades de garantir a convivência pacífica entre os cidadãos, o fortalecimento e o comprometimento com a democracia, com a justiça social e a dignidade da pessoa humana.

A diversidade cultural é, assim, uma conceituação elaborada visando ao entendimento sobre as diferenciações culturais existentes mundo afora. Ela é a marca ou a identidade que diferencia os integrantes de determinado lugar. Nesse sentido, conhecer outras culturas é um processo enriquecedor de autoconhecimento e de conhecimento e aceitação do outro, a união e a sintonia com o diferente, a compreensão e a flexibilidade de forma recíproca. É a proteção e a manutenção do diferente. A preservação da diversidade cultural é, então, a condição do prolongamento da vida humana no mundo. O tema *diversidade cultural* envolve uma miríade de vertentes além da cultura em si, como questões de gênero, sexualidade, raça e etnia, e a abordagem antropológica privilegia o diálogo, o intercâmbio cultural e os direitos humanos.

O movimento multiculturalista, no entanto, está longe de promover a integração cultural. Pelo contrário, o que temos observado é, cada vez mais, uma tendência à segregação. Parece que as sociedades reagem com mais hostilidade e intolerância nos lugares em que os movimentos humanistas, de modo geral, tentam afirmar-se. Alguns teóricos entendem que o movimento multiculturalista, por mais nobre que seja em suas intenções, acaba por enfraquecer valores nacionais e faz com que minoras étnicas se fortaleçam em si mesmas, sem qualquer interesse em intercâmbios culturais. Aos que defendem o movimento multiculturalista, a existência de crises econômicas e o consequente desemprego são fatores que podem desencadear alguma xenofobia concernente, principalmente, aos imigrantes.

A xenofobia no Brasil nunca foi ausente. Quando ondas migratórias de haitianos começaram a acontecer, várias denúncias de xenofobia foram divulgadas. Termos ofensivos em relação à cor da pele eram frequentemente usados. É comum, no Brasil, a expressão "*macaco*" para se referir a alguém de pele negra. Em 2018, a Secretaria Especial de Direitos Humanos divulgou um relatório com dados constatando que, desde 2015, houve um crescimento de 633% de denúncias de xenofobia no Brasil (Maciel; Bazzo; Mont'Alvão, 2016). Essas graves violações aos direitos humanos estão longe de ser casos particulares. Comportamentos xenófobos são reportados em vários contextos: em *shoppings*, no futebol, na internet, na política, no trabalho escravo, na restrição de acesso aos serviços públicos.

A Universidade Federal de Minas Gerais (UFMG), por meio do programa denominado *Cidade e Alteridade*, desenvolveu um estudo, em 2016, com o objetivo de medir a xenofobia e outras formas de preconceito a imigrantes residentes na Região Metropolitana de Belo Horizonte. O estudo em questão verificou que 60% de haitianos do sexo masculino sofreram algum tipo de preconceito, ao passo que 100% das mulheres entrevistadas relataram episódios de cunho racista.

Mesmo em meio à multiplicidade cultural brasileira, observa-se, entre os próprios conterrâneos, atitudes xenófobas. O tratamento atribuído, comumente, aos nordestinos é repleto de preconceito, estereótipo e discriminação de toda a ordem, única e exclusivamente porque não estão inseridos na cultura definida como a "correta". Hábitos, costumes e aspectos físicos são considerados inferiores em razão do sentimento de superioridade e orgulho com que algumas regiões veem a si próprias. O imigrante europeu, salvo raras circunstâncias, jamais teve sua presença rechaçada em detrimento aos estrangeiros não brancos oriundos de países "pobres" que aqui vieram residir.

— 2.3.2 —
Ideologia da recusa do estranho no Brasil

O interesse inicial da antropologia pela história natural do homem e sua não apreensão do todo complexo de sua humanidade, como ser cultural, histórico e social, favoreceu a hostilidade às culturas não europeias.

No Brasil, a ideologia da recusa do estranho possibilitou ao europeu usar de violência também contra os negros. Quando fala sobre etnocentrismo e diversidade, Lévi-Strauss (1993c, p. 333) destaca a atitude que "consiste em repudiar [...] as formas culturais, morais, religiosas, sociais e estéticas mais afastadas daquelas com que nos identificamos". Assim, o colonizador lança fora da cultura, na natureza, tudo o que não se enquadra em sua norma. Esse posicionamento está muito enraizado na consciência ocidental, fazendo com que não percebamos que a humanidade cessa nas fronteiras da tribo ou do grupo linguístico, servindo apenas àqueles que se autodesignam "bons" ou "excelentes".

Indígenas e negros não faziam parte das virtudes da humanidade europeia e, por isso, eram chamados de "maus", de "macacos" ou de "ovos de piolho" (Lévi-Strauss, 1993c, p. 334). Dessa forma, duas culturas se replicam cruelmente: segundo narra Lévi-Strauss (1993c), enquanto os espanhóis enviavam comissões de investigação para pesquisar se os indígenas tinham ou não uma alma, estes dedicavam-se a imergir europeus prisioneiros, a fim de verificar se o cadáver deles apodrecia. Ao discriminar a cultura do outro, conforme observa Lévi-Strauss (1993c), o europeu acabava por se identificar mais completamente com o que se pretendia negar, ou seja, ao negar humanidade ao indígena ou ao africano, o colonizador colocava sua própria humanidade em xeque.

Assim foi a antropologia em seus primórdios: uma a ciência instrumentalizada pela colonização europeia, legitimando a discriminação e a violência sobre os povos conquistados. Essa antropologia também era fruto da ideia única de civilização que usava sua própria régua para medir o que é civilizado e o que é primitivo e bárbaro, sempre repudiando manifestações culturais consideradas animalescas em oposição à civilização humana.

Mesmo nas reduções jesuíticas, o processo de cristianização dos indígenas não passou de uma imposição de outra cultura, em uma tentativa de apagamento da cultura nativa, violentando aspectos fundamentais da identidade indígena. Se proteger os nativos da escravidão e arrancá-los de sua cultura foi, para os jesuítas, uma vitória da missão, em termos antropológicos significou a negação à diversidade cultural das populações nativas. A repulsa diante do modo de viver do outro reduz a diversidade e, portanto, o outro. A Organização das Nações Unidas para a Educação, a Ciência e a Cultura (Unesco, 2002), por meio da Declaração Universal sobre a Diversidade Cultural, reconhece as múltiplas culturas como uma "patrimônio comum da humanidade" e viabiliza de forma ampla mecanismos que visam proteger e promover a diversidade cultural e as relações interculturais.

O Brasil apresenta uma diversidade cultural como poucos países no mundo. A população nativa, as várias etnias africanas para cá trazidas e o processo imigratório europeu e asiático foram processos de grande valor para a formação cultural brasileira. A raça não nos determina; somos predominantemente culturais, somos determinados pela cultura. Aliás, para além de afirmar que não existem raças, a não ser uma só, que é a raça humana – fato comprovado após o Projeto Genoma ter demonstrado que uma margem mínima de genes nos diferenciam –, podemos afirmar que pertencemos não à *raça* humana, mas à *espécie* humana.

Para Guimarães (2015, p. 11), raça refere-se a uma concepção que não corresponde a nenhuma realidade natural. Trata-se, ao contrário, de um conceito que denota apenas uma forma de hierarquização social, manifestada em atitudes de repúdio diante de certas categorias sociais com o intuito de justificar a dominação de um grupo sobre o outro. A persistência da percepção naturalizada de superioridade marcada por relações de poder como um direito natural pertencente apenas aos homens livres, proprietários e nacionais ainda hoje se reflete nas atitudes de indivíduos que se julgam superiores, mesmo em tempos que tornaram o racismo um crime, e o negro, um sujeito de direito, bem como a proteção de tudo o que o venha afrontá-lo em sua dignidade humana (Guimarães, 2015).

Diferentemente do que informavam as doutrinas racistas, não existem predisposições raciais inatas. Partindo da raça humana, tudo é cultura, e não haveria número suficiente de "raça" para representar a quantidade de cultura. Lévi-Strauss (1993c) observou que as culturas não se desenvolvem de forma idêntica, mas por meio das mais variadas e extraordinárias formas; jamais estática ou fragmentada, visto que nenhuma cultura se constituiu de forma isolada, pelo contrário, o intercâmbio cultural sempre existiu, culturas sempre foram difundidas, tomadas de empréstimo por convergência ou afinidade, por aculturação ou transculturação. Assim, a diversidade de culturas é antes um fenômeno dos povos em contato e conexão do que produção de grupo isolados.

— 2.4 —

Racismo

Quando pessoas de culturas e etnias distintas se encontram, é provável que advenha daí algum tipo de conflito. Há os que afirmam a superioridade da cultura local e há aqueles que defendem os direitos das minorias de conservar suas raízes culturais. Nesse contexto, não é incomum surgirem linhas de pensamento visando ligar questões que são da ordem da cultura com elementos da biologia e, assim, afirmar que a cultura é algo que se herda a partir da raça. A confusão entre o que é genético (raça) e o que é adquirido (cultura) levou a própria antropologia a cometer uma série de erros. Segundo Lévi-Strauss (1993c, p. 328), mesmo que a genética moderna não confirme qualquer conexão entre cultura e raça, esse equívoco intelectual levou teóricos como Arthur Joseph de Gobineau a legitimar, mesmo que não tenha sido sua intenção, todos os empreendimentos de colonização e de exploração dos povos de "raça inferiores". Das práticas opressoras, o racismo foi e continua sendo o mais nocivo resultado da ideologia da recusa do estranho, com consequências arrasadoras para as relações humanas.

Johan Blumenbach (citado por Mello, 1982), estudioso da antropologia física, concluiu que a espécie humana, mesmo vinda de um tronco comum, dividia-se em raças por apresentar diferenças físicas. Essas diferenças, porém, explicavam-se pelas influências climáticas e alimentares, entre outros fatores.

No entanto, a simples menção da existência de raças foi o que bastou para que se instaurasse o vínculo, tão sonhado pelos racistas, entre cultura e biologia. Blumenbach ao demonstrar que os humanos vêm de um antepassado comum, mostrava, tão somente, seu alinhamento ao humanismo iluminista da unidade da espécie humana. Desde então, porém, a antropologia física tem sido manobrada para afirmar que existe raça superior e raça inferior, para explicar e difundir a ideia de que as diferenças culturais decorrem da raça e para fortalecer a noção de que raças superiores geram culturas igualmente superiores (Mello, 1982).

A doutrina racista, ao estabelecer a existência de uma raça superior, legitima também o direito dessa raça superior de dominar ou, até mesmo, de exterminar as outras. A doutrina racista prega a crença de que humanos têm caracteres inatos, biologicamente herdados, que determinam desde a conduta moral até o desempenho intelectual. O fator definidor da identidade étnica é o sangue. Conforme Ferreira (2017), no século XIX, muitos foram os intelectuais que endossaram essa pseudociência. Um deles, Houston Stewart Chamberlain, influenciou nazistas como Adolf Hitler, que, baseado nessa falsa teoria, condenou milhões de judeus à morte. O racismo foi para os alemães uma espécie de mito consolador após a depressão e a humilhação sofrida por eles na Primeira Guerra Mundial (Ferreira, 2017).

Baseado na política racista antissemita arquitetada por Alfred Rosenberg, o programa do Partido Nacional Socialista chegou a uma falsa definição biológica sobre ser judeu. Segundo essa definição, os judeus seriam um povo biologicamente inferior, de uma intelectualidade degenerada, perigosa e torpe. Pessoas adeptas de políticas de cunho marxista, pacifista e humanista também revelariam essa degenerescência intelectual, além de ser uma ameaça à política nacionalista (Assis; Kümpel, 2011). Na crença de que pertenciam a uma raça superior e elevada, os alemães subjugaram outras raças. Pessoas com deficiência física ou mental eram consideradas produtos de um erro genético, jamais devendo se reproduzir a fim de não comprometer a pureza da raça ariana. Contudo, não obstante todos os testes e pesquisas, jamais os nazistas foram capazes de encontrar uma mínima prova de suas teses a respeito da determinação biológica das raças sobre a cultura, tampouco de que eram raça superior (Chauí, 1995).

As lideranças nazistas, no decorrer da Segunda Guerra Mundial, iniciaram a chamada *limpeza étnica* na Polônia e na União Soviética, locais por eles ocupados. Essa política considerava o extermínio das denominadas "raças inimigas", que abrangiam não apenas o povo judeu, mas também as lideranças dos povos eslavos, os quais pretendiam tornar escravos por serem considerados inferiores. Isso foi algo sem precedentes na história humana.

— 2.4.1 —
Crime e genética

Em meados do século XX, Lawrence Kohlberg estudou os níveis de desenvolvimento moral que todo ser humano pode atingir. O nível mais primário seria aquele em que respeitamos uma regra por medo da punição em caso de seu descumprimento. O nível mais alto seria aquele em que nos desprendemos de nós mesmos e nos colocamos no lugar do outro ou dos outros, fazendo então surgir a justiça como equidade, em que as diferenças são ajustadas para que todos estejam em igualdade de condições. São poucos que atingem tal nível de consciência (Biaggio, 2002).

A doutrina higienista surgiu em meados do século XIX, quando administradores públicos de grandes centros preconizaram uma série de medidas visando proteger a saúde e a moral da população sob a perspectiva de que as enfermidades eram eventos sociais que afetavam todos os aspectos da existência humana. Nesse contexto, medidas profiláticas favorecendo as condições de salubridade no espaço público - como a implementação de redes de esgoto, água tratada e iluminação - foram tomadas com o fito de prevenção às epidemias como o cólera e a febre amarela. Concomitantemente a isso, o foco higienista alcançou também a vida privada, não só quantos aos cuidados sanitários nas casas, mas também os concernentes aos aspectos morais de comportamentos como a prostituição e sua relação com as doenças venéreas. *Higienismo* é, portanto, diferente de *eugenismo*: o primeiro busca melhorar as condições e o cuidado com o corpo e seu entorno, e o segundo objetiva melhorar as condições hereditárias (Schwarcz; Starling, 2015).

As teorias eugenistas tiveram grande influência nas políticas raciais nazistas, as já mencionadas políticas sancionadas no século XX pelo Estado alemão, que proclamava a seleção dos seres humanos mais aptos tanto no que se refere aos aspectos físicos e intelectuais quanto aos morais, com o escopo de garantir a raça pura. As políticas públicas de saúde, como podemos perceber, foram manipuladas posteriormente para favorecer as políticas de higiene racial, ou seja, a eugenia (Schwarcz; Starling, 2015).

No campo do direito penal, Cesare Lombroso (1835-1905), médico, antropólogo e criminologista, professor nas cátedras de medicina legal e higiene pública da Universidade de Turim, produziu uma controversa doutrina sobre delinquência no interior do arcabouço da escola positivista de direito penal (Diniz, 1988). Sua teoria sustentava o caráter nato do criminoso, sugerindo, portanto, um determinismo biológico nos ímpetos antissociais. O criminoso nato seria portador de caracteres atávicos, ou seja, a transmissão hereditária dos instintos mais primitivos do homem selvagem. Descobrir o portador dos caracteres físicos e morais do homem primitivo possibilitaria a prevenção da delinquência. Lombroso compara o criminoso a um doente que não pode ser considerado culpado por seus atos, visto serem estes provenientes do instinto animal, biológico, portanto (Diniz, 1988).

O criminoso nato traria traços físicos tais como ser canhoto, preguiçoso, estrábico, ter cabeleira espessa, tatuagens, nariz adunco, deformidade nas orelhas, queixo proeminente etc. Ao circunscrever o crime a uma espécie de natureza humana, Lombroso legitimou a discussão científica sobre ser a raça um determinante do comportamento moral e intelectual dos seres humanos e motivou as políticas criminais sobre a pena de morte e a prisão perpétua. Essas concepções justificariam a proibição de ideias coletivas para uma civilização comum, na medida em que o mundo estava povoado por seres qualitativamente diferentes, bem como seriam largamente acolhidas pelos defensores de uma cultura ideal com base na raça superior (Diniz, 1988).

Em contrapartida, a Escola Clássica Penal, anterior à Escola Positivista Penal em que se insere Lombroso, apresentava considerações e conclusões divergentes sobre a doutrina lombrosiana. Seu mestre maior, Cesare Beccaria, dotado de princípios iluministas, projetou as bases políticas para o direito penal moderno (Iluminismo Penal), como a igualdade perante a lei, a abolição da pena de morte e do uso da tortura como forma de se produzir provas. Se, para Lombroso, o foco do estudo estava no indivíduo como delinquente nato, e, portanto, a prevenção seria o escopo fundamental do estudo, para Beccaria, o direito de punir se fundamentava na escolha que o indivíduo faz ao praticar o crime e a punição teria um cunho retributivo, isto é, seria representada como castigo (Diniz, 1988).

Em sua obra intitulada *Dos delitos e das penas* (1764), Beccaria repensou as punições, propondo a humanização do direito com base na análise política da ordem social, no qual entendia o crime como resultado da escolha racional, porém errada, do indivíduo. Partindo desse pressuposto, Beccaria investigou a melhor forma de prevenção, criando uma série de medidas que visavam desestimular o indivíduo por meio da clareza sobre o crime e suas consequências. O conhecimento racional desmotivaria a escolha pela atitude irracional, fruto de desconhecimentos e incertezas (Diniz, 1988).

Beccaria foi considerado o primeiro abolicionista da pena de morte. Em matéria criminal, enfatizou a prevenção em vez da repressão; iluminista, repudiou a ideia de castigo divino. Essa forma mais humanizada de pensar a criminologia pelo estabelecimento da segurança jurídica, embora não tenha produzido frutos quanto a se evitar o aumento da incidência criminal, foi muito importante por se tratar de um código de humanidade, aprofundando a questão em uma Europa em transformação pela difusão de obras humanistas e iluministas que questionavam a ordem social vigente, cujo mando estamental e absolutista estava em vias de se encerrar ou de se modificar (Diniz, 1988).

Apesar de os resultados não serem os desejáveis quanto à prevenção, à punição e às garantias de uma investigação imparcial e do direito de defesa, as proposições de Beccaria foram de grande influência ao redor do mundo e no Brasil, tanto na Constituição brasileira quanto no próprio Código Penal e à luz do nosso contexto histórico. Por outro lado, a antropologia criminal de Lombroso, definidora do agente criminoso como delinquente nato, também se difundiu pelo mundo, sendo recepcionada pela criminologia no direito penal brasileiro no começo do século XX. Em uma conjuntura diversa do contexto europeu, o positivismo teve papel preponderante no Brasil no que concerne às transformações instauradas pelo então recém-chegado governo: a República presidencialista (Diniz, 1988).

A ideia de ordem e progresso, lema do positivismo, tinha a ver com o crescimento das cidades e da industrialização dentro da ordem capitalista burguesa, contrastando fortemente com o velho viés patriarcal oligárquico, de uma sociedade predominantemente rural. De fraca cultura democrática e de costas para a diversidade racial, a República brasileira, com seu pendor para o centralismo político, acabou não só favorecendo as ideias do direito penal positivo de Lombroso, mas também teve sua legislação penal brasileira influenciada por ele (Diniz, 1988).

Gobineau dizia que as três grandes raças primitivas – branca, amarela e negra – não eram apenas assimétricas no todo de suas constituições físicas, mas também em suas vocações, predisposições e inclinações particulares (Lévi-Strauss, 1993c). Em Gobineau, a tara da degenerescência "estava ligada mais ao fenômeno da mestiçagem do que à posição de cada uma das raças numa escala de valores comuns a todas (Lévi-Strauss, 1993c, p. 328-330). A mestiçagem era algo inevitável e comprometeria a raça humana em uma escala crescente de degenerescência física e intelectual.

— 2.4.2 —
Eugenia no Brasil

De acordo com Souza (2008), Gobineau visitou o Brasil no ano 1869, em uma missão diplomática, e jamais ocultou sua antipatia para com o país. No entanto, acabou por entabular amizade com Dom Pedro II, com o qual trocou correspondência por muito tempo, depois de deixar o Brasil. Em uma de suas cartas, fez um duro prognóstico, prevendo que o Brasil não tinha futuro em razão da degeneração provocada pela miscigenação. Mestiços e pardos, estéreis e degenerados, levariam ao desaparecimento da população. A solução encontrada para evitar esse infortúnio seria estimular a vinda de europeus, a fim de se estabelecer o embranquecimento da população brasileira. Era aceitar a trilha da eugenia no país ou os brasileiros seriam uma raça extinta em menos de duzentos anos. O fruto da mestiçagem entre brancos, índios e negros geraram, na visão de Gobineau, pessoas de "compleições raquíticas que, se nem sempre repugnantes, são sempre desagradáveis aos olhos" (Sousa, 2008, p. 110).

Conforme Sousa (2008), Gobineau e Lombroso influenciaram pesquisas desenvolvidas pelos brasileiros. O médico legista, professor e antropólogo criminal Raimundo Nina Rodrigues foi um notório eugenista e pioneiro nos estudos sobre a cultura negra no país, dedicando-se, como médico, ao atendimento da população majoritariamente negra de Salvador. Por meio de uma abordagem racista, nacionalista e cientificista, considera o biológico como determinante do social, conforme atesta em sua obra *As raças humanas e a responsabilidade penal no Brasil* (1882). Embora Nina Rodrigues fosse um homem da ciência e acreditasse nas bases científicas da eugenia, tinha uma visão preconceituosa e negativa sobre a população negra em especial. Por outro lado, questões racistas eram temas presentes na ciência em geral de seu tempo, e trazer a lume tais posicionamentos sem levar em conta o contexto oitocentista em que se travava o debate envolve o risco de tornarmos a figura de Nina Rodrigues desprovida de sentido (Sousa, 2008).

A ciência com a qual Nina Rodrigues dialogava inscrevia-se, de fato, no universo das teorias racistas de crença na superioridade da raça branca do qual outros estudiosos faziam parte. Assim, no caso brasileiro, Nina Rodrigues concluiu que a herança genética transmitida pela raça tornava os africanos e os mestiços mais predispostos à criminalidade. Por essa razão, propôs uma mudança de olhar sobre a responsabilidade penal e uma reformulação do Código Penal e da necessidade de coexistirem códigos penais diferentes, um para brancos e outro para negros, na certeza de que a degenerescência física e mental de negros e mestiços os levava a desenvolverem determinadas doenças e atos antissociais, como conflitos sociais e crimes (Schwarcz; Starling, 2015).

Negros e mestiços deveriam ser proibidos de se envolver com a política da nação, pois esta seria, naturalmente, a vocação da classe ariana, inferior numericamente, mas superior moral e intelectualmente. O Código Penal brasileiro de 1940 foi redigido sob o espírito da teoria positivista lombrosiana no que concerne à medida da pena e à personalização do criminoso. O médico e escritor Renato Kehl (1889-1974) foi publicamente favorável à política eugênica de Hitler e um dos mais importantes organizadores do Movimento Eugênico Brasileiro entre 1910 e 1930, bem como do 1º Congresso Brasileiro de Eugenia em 1929. Em 1918, fundou a Sociedade Eugênica de São Paulo, que teve entre seus membros o escritor Monteiro Lobato, o antropólogo Edgard Roquette Pinto, o médico e escritor Afrânio Peixoto, o cientista e deputado constituinte (1933) Artur Neiva, o cientista Vital Brazil, o psiquiatra Juliano Moreira, entre outros importantes políticos e intelectuais da época (Schwarcz; Starling, 2015).

Kehl se notabilizou pela divulgação de providências eugênicas entre os brasileiros quanto ao processo de melhoramento da raça no país. São de sua autoria vários livros sobre eugenia, como o famoso *Sexo e civilização: aparas eugênicas* (1933), onde propõe um modelo radical de limpeza étnica, como a esterilização de mulheres negras e mestiças, a interdição reprodutiva inter-racial e a escolha de imigrantes por raça. Em 1911, o Brasil se fez representar no I Congresso Internacional de Raças, em Londres, na figura do médico João Batista de Lacerda, que lá apresentou um artigo cujo desfecho foi surpreendente. Nele, o médico declarou que, para o século vindouro, mestiços iriam desaparecer no mesmo compasso da extinção da raça negra. O antropólogo Edgard Roquette Pinto, que presidiu o I Congresso Brasileiro de Eugenia, em 1929, previu, para o ano 2012, um Brasil composto de 80% de brancos, 20% de mestiços e nenhum negro ou índio (Schwarcz; Starling, 2015).

A realidade, porém, foi outra. A abolição da escravidão foi, em si, uma política de exclusão, sem chance para a população recém-liberta de competir em condições de igualdade com outros trabalhadores, especialmente brancos brasileiros e imigrantes. Negros e mestiços arcavam com o fardo das políticas eugenistas de desigualdade jurídica e social. O Código Penal tipificou a vadiagem e a capoeiragem como ilícitos penais, passíveis de prisão. O alcoolismo, a desocupação e a falta de sucesso profissional da população negra era um problema biológico, e não social. Longe estavam as teses eugenistas das matérias jurídicas da inclusão à cidadania e à igualdade para essas populações.

— 2.4.3 —
Diferenças sociais e racismo no Brasil

Há, no Brasil, trabalhos antropológicos e voltados a preservar a cultura indígena e seus territórios, mas não há, na mesma intensidade, uma preocupação em se discutir o problema do racismo em geral e da discriminação à população negra em particular. Imigrantes europeus e asiáticos sofreram de algum modo preconceito em solo brasileiro, sobretudo durante o surto nacionalista do Estado Novo (1937-1945), quando foram proibidos de se expressar publicamente em seus idiomas. Muitos receberam tratamento agressivo tanto por parte da polícia quanto da própria população. Descendentes de alemães, italianos e até de portugueses experimentaram, em algum momento, uma forma particular de discriminação. O Brasil já foi anti-indígena, anti-português, antialemão, anti-italiano, antijudeu e antijaponês.

Todavia, o racismo que subsiste de modo sistemático no país é o direcionado aos negros, mestiços e índios, mas, sobretudo, é o negro que mais sente aqui a violência social do racismo. Darcy Ribeiro (2010) notou que a sociedade brasileira mantém com o negro a mesma atitude de desprezo vil que seus antecedentes escravistas tinham. Não só os negros, mas também os pobres em geral são ainda tidos como responsáveis pela sua própria ruína, como largamente explicado anteriormente. A persistência da ideologia do "branqueamento" e do mito da democracia racial trouxeram consequências nefastas, fazendo com que, ainda hoje, uma significativa parcela da população brasileira não só afirme que não existe racismo ou que este existe em pequena escala, como incita a que negros e mestiços discriminem pessoas de sua própria comunidade, reproduzindo discursos, assimilando valores sociais e adotando padrões de beleza de seus opressores, buscando a qualquer custo ocultar seus próprios atributos físicos.

Se a *democracia racial*, expressão usada pelo sociólogo pernambucano Gilberto Freyre (1973), oculta o racismo, este, porém, não resiste aos dados que o fazem emergir forte. A população negra é a que mais sofre com a exclusão social. São os mais excluídos do mercado de trabalho, os que mais ocupam cargos subalternos, os que interrompem os estudos mais cedo, os que mais morrem assassinados e as maiores vítimas da violência policial. São, também, sub-representados na mídia, e as religiões de matriz africanas são as que mais sofrem perseguição, discriminação e injúrias, apontados como prestadores de culto aos demônios e, não raro, tem seus locais de culto destruídos.

Todos os censos apontaram que a maior parcela de brasileiros vivendo na miséria é negra ou parda. Isso se repete com os desempregados. Com relação aos que estão empregados, as diferenças salariais entre brancos e negros ou pardos também se evidenciam, e o rendimento obtido pela mulher negra é ainda mais inferior. A análise dos censos demográficos tira essa população das sombras ou da invisibilidade, lançando luz sobre esses aspectos submetidos ao registro numérico. Cabe à antropologia e ao direito apreender tais dados e circunscrevê-los culturalmente para dar a forma jurídica adequada. A permanência das desigualdades sociais em tempos de crescimento econômico tem sido significado pelo termo *apartheid social* (Turra; Ventura, 1995).

A visibilidade dessas questões é importante porque revela preconceitos embutidos em frases e ditos sem que haja a devida percepção, os quais servem para negar ou atenuar a existência do racismo, frustrando qualquer debate sobre a problemática, como a afirmação de que somos todos produtos da miscigenação e que, portanto, não é verdade que existe racismo, ou, ainda, tentando-se deslocar o problema do racismo para a questão de classe social, ou seja, o racismo não existe, o que existe é a pobreza, como se fosse uma questão puramente econômica.

A contribuição relevante de negros e índios para a cultura brasileira serviu para mascarar essa realidade e legitimar a falácia da democracia racial, como se o processo de miscigenação cultural tivesse sido constituído de forma harmônica. Quando o sistema de exploração da mão de obra indígena não vingou, este foi segregado ou, mesmo, exterminado, e suas terras foram tomadas. O mesmo ocorreu após a libertação dos negros, com a exclusão educacional, a ausência de reforma agrária ou qualquer outra política pública que pudesse contribuir para a inclusão social da população negra, o que só veio a acontecer bem mais tarde, com políticas sociais de enfrentamento ao racismo e à exclusão social.

Entretanto, programas de inclusão por parte do governo para fazer frente à situação de extrema desigualdade em que se encontra a população negra têm motivado a volta da ideologia da supremacia de raça, que impinge aos negros a responsabilidade pelo seu fracasso. A desigualdade social suscita o problema do racismo, sobretudo no que concerne à questão de renda/riqueza, quando se insiste em não analisar a situação pelo viés da estrutura social herdada da sociedade colonial. Por quase 400 anos houve escravidão em um país que tem pouco mais de 500 anos. O que vinculava o negro ao trabalho era a violência contínua, os castigos físicos brutais, a má alimentação e a longuíssima carga horária – em torno de 16 horas por dia (Comparato, citado por Assis; Kümpel, 2011).

Mesmo na condição de trabalhadores livres (pós-1888), os negros jamais foram inclusos por ato de alguma política de moradia ou de ocupação, tampouco preparados para competir com os imigrantes europeus.

> Atualmente, negros e pardos representam mais de 70% dos 10% mais pobres de nossa população. No mercado de trabalho, com a mesma qualificação e escolaridade, eles recebem em média quase a metade do salário pago aos brancos, e as mulheres negras, até metade da remuneração dos trabalhadores negros. Em nossas cidades, mais de dois terços dos jovens assassinados entre 15 e 18 anos são negros. Na USP, a maior universidade da América Latina, os alunos negros não ultrapassam 2%, e, dos 5.400 professores, menos de dez são negros. (Comparato, 2008)

Segundo Assis e Kümpel (2011, p. 44): "Tudo isso denota [...] racismo, consciência ou inconscientemente, está inserido nas relações sociais". Nesse sentido, o racismo tido como crime é o reconhecimento de que essa prática existe e deve ser combatida.

Legisladores constituintes também atentaram para esse problema e, no art. 3º, inciso IV, da Constituição Federal de 1988, a promoção do "bem de todos, sem preconceitos de origem, raça, sexo, cor, idade e quaisquer outras formas de discriminação"

(Brasil, 1988). Já em seu art. 4º, inciso VIII, consta que, em suas relações internacionais, rege-se, entre outros, pelo princípio do repúdio ao racismo e, ainda, no art. 5º, inciso XLII, tipifica a prática do racismo como "crime inafiançável e imprescritível, sujeito à pena de reclusão, nos termos da lei" (Brasil, 1988). É importante observar, porém, que a Constituição de 1824, em seu art. 179, incisos XIX e XXI, abolia "os açoites, a tortura, a marca de ferro quente, e todas as mais penas cruéis" e determinava que as cadeias fossem "limpas e arejadas" (Brasil, 1924), a fim de se resguardar a dignidade dos presos. Da mesma forma, o Código Criminal de 1830 também buscou abrandar as punições imputadas aos escravos, porém, o que se viu por trás desse provável benefício na prática penal foi a distância entre o preconizado nos ordenamentos jurídicos e a realidade das pessoas. Significa dizer que a igualdade de oportunidade prevista na nossa Constituição não passa de um mito: existe apenas porque o documento legal assim o declara.

Assim, a antropologia jurídica busca compreender o direito como obra humana para os humanos, fruto da cultura dos povos, tanto para entender a construção de leis que legitimam a ordem quanto para investigar para quem se destina o direito, quem ele busca dominar e quais são seus objetivos. A ideia de democracia racial insinua que, ao contrário do que aconteceu em países como Estados Unidos e África do Sul, no Brasil não há racismo, já que não há impedimento legal, como naqueles países, para a ascensão social do negro.

— 2.4.4 —
Movimento negro e o antirracismo na legislação brasileira

Enquanto perdurou a crença na democracia racial, não se pôde falar em *igualdade* entre brancos e negros. As reais contradições históricas foram mascaradas, e pessoas comprometidas com a causa foram desestimuladas a formar ações organizadas contra o racismo. De fato, é difícil combater uma violência que se apresenta de maneira velada, não declarada, que invisibiliza os conflitos sociais. O problema da pobreza entre a população negra não é visto como consequência do racismo, e que o não acesso à terra, à educação e aos serviços públicos é pura e simplesmente fruto da exclusão social que organiza a vida socioeconômica brasileira desde o século XVI (Azevedo, 2004).

A conquista dos direitos e a legislação contra o racismo no Brasil se deve, de um lado, à insistência de organizações internacionais e, de outro, às lutas do movimento negro e de entidades de apoio. A Lei n. 1.390/1951, denominada *Lei Afonso Arinos*, consolidou o início de uma série de normas visando ao combate à discriminação por raça ou cor, tornando-a uma contravenção penal. Em 1968, o Brasil ratificou a Convenção sobre a Eliminação de Todas as Formas de Discriminação Racial, voltada à proteção aos direitos humanos, por conceder à pessoa negra a condição de sujeito concreto de direito, historicamente situado, com suas especificidades étnicas, que já havia sido adotada pela ONU desde 1965.

Em 1985, entrou em vigor a Lei n. 7.437, conhecida como *Lei Caó*[1], que tipifica os atos resultantes de preconceitos de raça, cor, sexo ou estado civil como contravenções penais (Brasil, 1985). Essa lei alterou o texto da Lei Afonso Arinos, de 1951, acrescentando como contravenção também os atos ofensivos ao sexo e ao estado civil do indivíduo. A Lei Caó ainda não define racismo como crime, e sim como contravenção penal, não sujeito à condenação.

A Constituição Federal de 1988 foi decisiva na luta contra o racismo e na promoção da igualdade racial, admitindo que o racismo não só existe, mas também é um problema nacional. Em seu preâmbulo estão assegurados o exercício dos direitos sociais e individuais, a liberdade, a segurança, o bem-estar, o desenvolvimento, a igualdade e a justiça como valores supremos de uma sociedade fraterna, pluralista e sem preconceitos, fundada na harmonia social e comprometida, tanto no que se refere à ordem interna quanto à internacional, com a solução pacífica das controvérsias. Esses são os fundamentos da nossa República e do Estado Democrático de Direito.

Com o passar do tempo, novos tipos penais surgiram, fixando ao crime de racismo penas mais elevadas, caso da Lei n. 8.081/1990, que tipifica a prática, a incitação ou a indução

1 Carlos Alberto de Oliveira (Caó) é o nome do deputado que dedicou sua carreira jornalística e política à militância pela causa negra. Como deputado constituinte, foi responsável pela inclusão, na Constituição de 1988, do inciso 42 ao art. 5°, que tornou o racismo crime inafiançável e imprescritível. Isso tudo originou a Lei n. 7.716/1989, a Lei do Racismo, que também leva o nome de Lei Caó. Essa lei regulamentou o texto constitucional determinando prisão para o crime de preconceito e discriminação de raça ou cor (Brasil, 2018).

de atos discriminatórios ou de preconceito de raça, cor, religião, etnia ou procedência nacional pelos meios de comunicação ou por publicação. Mais tarde, foi acrescentado também o parágrafo 3º ao art. 140 do Código Penal pela Lei 9.459/1997, o qual trata da injúria racial. Os direitos e as garantias à população negra foram sendo ampliados e revelaram-se como novos valores humanos que se constituíram inalienáveis, inembargáveis, irrenunciáveis, intransmissíveis, imprescritíveis e indisponíveis (Brasil, 2018)

O princípio fundamental da dignidade da pessoa humana se impõe como norteador dos valores constitucionais. Contudo, o fato de práticas racistas terem sido criminalizadas pelo texto constitucional não significa que estão erradicadas; lamentavelmente continuam entranhadas em nossa cultura, segregando e excluindo socialmente a população negra, suas maiores vítimas. A cultura enraizada do racismo resultou no atraso de sua criminalização e em ser considerado um problema nacional. Muito disso se deve à militância dos movimentos negros na política brasileira, na luta pela igualdade racial e pelo não silenciamento da violência e da discriminação dos negros disseminada em todos as esferas da sociedade. O movimento negro trabalha, nesse sentido, construindo políticas afirmativas que promovam a igualdade racial e construam espaços para uma pluralidade étnica, racial e cultural.

Capítulo 3

Antropologia e direito

Antropologia e direito compartilham o mesmo objeto: o ser humano. Desde o início, a sociedade cria e normaliza a ideia de certo e de errado, e as pessoas, na interação social, começam a ter consciência sobre as consequências da conduta errada. O temor da sanção é a garantia do funcionamento da norma, depois o costume. É como se a sociedade tivesse uma necessidade de restringir condutas antissociais como um ato contra os costumes. Só mais tarde é que uma legislação organizada, isto é, o chamado *direito positivo*, surgiu com suas regras e sua dogmática. É o que veremos a seguir.

— 3.1 —
Ligações

As ligações entre antropologia e direito são incontestáveis, pois as duas áreas têm o ser humano como objeto central. Como disciplina propedêutica, a Antropologia Jurídica é fundamental para o desenvolvimento crítico do operador do direito, não se limitando apenas aos aspectos dogmáticos, comprometidos com meras categorizações provindas do Estado. Como consta em seu respectivo sentido etimológico, trata-se do estudo humano, sendo, dessa forma, considerada a base de todas as demais ciências.

A antropologia jurídica mostra um ambiente muito mais complexo do que o estudo formal das normas, pois estuda o ser humano por inteiro, em seu ambiente natural, social, político, cultural e jurídico, como o princípio e o fim da norma, como o criador e a criatura do mundo jurídico. No cerne de seus estudos está o próprio homem articulando o mundo jurídico para a resolução dos conflitos. Trabalha, ademais, conteúdos comuns e que são caros também ao direito, como o direito à igualdade e o direito à diferença. Assim, mesmo não sendo esse seu escopo, a ciência em tela fornece subsídios para uma *performance* mais substanciosa do acadêmico, do advogado, do jurista, visto que propicia ferramentas de análises possíveis de produzir uma formação mais desprendida do formalismo forense e da ilustração meramente decorativa.

Para fins didáticos, a primeira grande área da antropologia é aquela referente à antropologia física, uma área do conhecimento voltada para os tempos mais remotos do ser humano, buscando esclarecer suas origens mais longínquas, o processo da evolução física, isto é, de seu patrimônio genético. Os modos como os seres humanos das diferentes comunidades se adaptaram às determinações geográficas e climáticas, garantindo sua sobrevivência na terra, as grandes marchas, a diversidade étnica e as interações entre o que é genético e o que é adquirido continuam sendo muito caros à antropologia física. Os avanços tecnológicos no campo da biomedicina, como o mapeamento do genoma humano (iniciado em 1990), proporcionaram saltos formidáveis no deslindamento da saga do homem primitivo.

A outra igualmente importante área é a chamada *antropologia cultural* ou *social*, com suas relevantes subdivisões que auxiliam no estudo das sociedades primitivas, como a arqueologia, a etnografia e a etnologia. A antropologia cultural relaciona-se com as ciências sociais quando o objeto é o humano integrante de sociedades organizadas. A necessidade de compreender as interações socioculturais, isto é, captar o sentido de mundo expresso pelos modos de vida, mitos, cultos, normas, regras, conhecimentos e práticas começa, inicialmente, pelo estudo dos povos de tradição não europeia. Assim, sendo a antropologia social ou a cultural, ambas almejam sempre conhecer o ser humano em sua totalidade, em suas produções e representações.

Os temas da antropologia cultural, isto é, a curiosidade sobre o outro, estão presentes desde a Antiguidade Clássica, quando surgiram as primeiras narrativas escritas ou faladas acerca dos habitantes de outros lugares e de seus costumes. Isso só foi possível graças aos viajantes e às grandes navegações, cujos relatos expunham os hábitos "estranhos" dos povos recém "achados". Em seus primórdios, a Antropologia, como disciplina acadêmica, esteve ligada aos negócios de Estado, sendo instrumentalizada, portanto, pela política colonialista. Rompendo com essa prática servil, Lévi-Strauss (1993b) propôs outra antropologia, voltada não mais para a exploração, mas para a compreensão do outro pelo princípio da alteridade, retirando das discussões os juízos de valor sobre a validade desta ou daquela cultura. O que de fato interessa para o conhecimento humano não é a cultura, mas as culturas, a diversidade cultural humana de todos os tempos e o universo de suas representações.

Valendo-se disso, a antropologia jurídica estuda os procedimentos judiciais, legais, normativos por meio de análises dos textos orais e escritos, condutas e representações entre diferentes sociedade, procurando compreender os sentidos que lhe são implícitos. Isso ocorre porque, teoricamente, a comparação (método comparativo) entre as diferentes formas de ordenamento jurídico de todas as sociedades observáveis traria um conhecimento mais apurado sobre a evolução da ordem/desordem social.

Quanto ao fato de a antropologia jurídica ter servido a interesses imperialistas, é importante observarmos que as nações capitalistas europeias, em suas demandas colonialistas, necessitavam de justificação legal e de legitimidade política e apoio popular. Em seu livro *A era dos impérios*, Hobsbawm (1988, p. 62-71) faz uma densa descrição sobre as formas como o colonialismo agia, sempre amparado por uma complexa conjuntura político-jurídica, na qual o indígena, o negro e outros eram construídos como a representação oposta em face da identidade europeia. Assim, os Estados Nacionais europeus encontraram na antropologia os mecanismos de sustentação jurídica. Para superar esse contexto, Lévi-Strauss (1993b) propôs a antropologia como disciplina acadêmica comprometida com a produção cultural de alteridade, trazendo o outro nativo para a condição de humanidade.

Em seu momento inicial, quando buscava se firmar como disciplina acadêmica, a antropologia agiu, como já vimos, em conluio com interesses imperialistas. Como antropologia jurídica, é fundamental compreender sua instrumentalização a serviço do etnocentrismo na desqualificação do outro nativo, com base em uma relação em que uma parte da humanidade reivindicou o direito de tratar outra parte como um objeto. É correto dizer também que, no percurso de seu amadurecimento, a antropologia foi progressivamente se afastando desse programa inicial, que, entretanto, não deve ser visto fora do contexto de um período marcado pela ampla aceitação popular do saque aos povos autóctones. Assim, se, particularmente, por um lado, a antropologia jurídica endossou as relações assimétricas que o Ocidente impôs a outros povos, produziu, por outro lado, um olhar mais objetivo a respeito dos fenômenos humanos exatamente a partir dessas relações desiguais (Lévi-Strauss, 1993a, p. 70-72).

A antropologia jurídica, com sua especificidade sobre o direto e o que isso representa, objetiva captar, então, outros contextos em busca de outras referências que não apenas a ocidental. No mais, entre os teóricos do direito, não se chegou a uma conclusão sobre o que o direito é, ou seja, um conceito que o defina com rigor.

> O direito é um dos fenômenos mais notáveis na vida humana. Compreendê-lo é compreender uma parte de nós mesmos. É saber em parte por que obedecemos, por que mandamos, por que nos indignamos, por que aspiramos a mudar em nome

> de ideais, por que em nome de ideais conservamos as coisas como estão. Ser livre é estar no direito e, no entanto, o direito também nos oprime e tira-nos a liberdade. Por isso, compreender o direito não é um empreendimento que se reduz facilmente a conceituações lógicas e racionalmente sistematizadas. O encontro com o direito é diversificado, às vezes conflitivo e incoerente, às vezes linear e consequente. Estudar o direito é, assim, uma atividade difícil, que exige não só acuidade, inteligência, preparo, mas também encantamento, intuição, espontaneidade. Para compreendê-lo, é preciso, pois, saber e amar. Só o homem que sabe pode ter-lhe o domínio. Mas só quem o ama é capaz de dominá-lo, rendendo-se a ele. Por tudo isso, o direito é um mistério, o mistério do princípio e do fim da sociabilidade humana. Suas raízes estão enterradas nessa força oculta que nos move a sentir remorso quando agimos indignamente e que se apodera de nós quando vemos alguém sofrer uma injustiça. (Ferraz Junior, 2003, p. 21-22)

O homem articula o mundo jurídico para a resolução dos conflitos na problemática do direito à igualdade e do direito à diferença, propiciando ferramentas de análises possíveis de produzir uma formação mais desprendida do formalismo forense e da ilustração decorativa. O direito é objeto de estudo da antropologia cultural, motivo pelo qual capta o sentido de mundo expresso pelos sistemas jurídicos, suas normas e regras, que nada mais são do que conhecimentos, práticas e costumes dos povos.

— 3.2 —

Conceito e objeto da antropologia jurídica

Os estudos da antropologia jurídica vêm-se diversificando nos meios acadêmicos de toda a América Latina (direitos andinos, direitos humanos, sistemas jurídicos dos povos pré-colombianos etc.). As pesquisas sobre a América Latina colocaram ênfase nos processos constitucionais dos últimos anos ou no Novo Constitucionalismo Democrático Latino-Americano de reconhecimento de direitos das diversidades étnicas e culturais, do pluralismo jurídico, político e econômico. Essa corrente de pensamento está, portanto, seriamente vinculada à defesa do direito consuetudinário dos povos nativos, dos trabalhadores nas zonas rurais e da população negra[1].

De modo geral, a antropologia jurídica busca investigar o fenômeno jurídico em sua origem e das formas mais primitivas até as mais complexas, que é onde o direito é reavaliado dentro de próprio conceito de lei. Há, entretanto, algo que é universal: onde há sociedade, há lei, e, independentemente da sociedade, o direito sempre será o conjunto das regras dotadas de coercitividade e emanadas do poder constituído.

Os teóricos buscaram uma compreensão universal do fenômeno jurídico – algo além de uma visão circunscrita a uma

---

1 O IX Congresso da Rede Latino-Americana de Antropologia Jurídica (Relaju), realizado em outubro de 2015 no Brasil, trouxe o tema "Sociedades plurais e Estados Nacionais: limites e desafios para a efetividade de direitos".

cultura – que pudesse conferir segurança ao estudo e à ação. Entre as várias definições que buscam esse alcance, os juristas extraíram dois tipos de enfoques: o zetético e o dogmático. O enfoque **dogmático** não põe em dúvida suas premissas, ou o porquê daquela norma, atendo-se mais à parte técnica da norma, da lei; assim, por mais que realize interpretações, jamais ignora a ordem jurídica em questão. Aqui temos o direito positivo.

Esse direito tende a se afastar da antropologia à medida que esta busca o enfoque **zetético**, ou seja, o enfoque que considera as conjecturas, o sentido informativo do discurso, privilegiando os contextos que ligam o direito às perspectivas humanas, filosóficas, históricas, psicológicas e políticas. A zetética é mais aberta às questões sociais e vê o fenômeno jurídico como fenômeno social. Não há uma nítida separação entre esses dois enfoques, até porque a investigação jurídica se utiliza de ambos, mas há, porém, uma diferença, uma vez que se indica o domínio de um enfoque sobre o outro. Assim, diante de um ato criminoso, a dogmática se prende à positividade ou à objetividade da norma, e a zetética jurídica busca considerar as circunstâncias sociais que envolvem o crime. A dogmática não se preocupa se os que são alcançados pela lei a entendem ou não. Lei é lei e tem de ser cumprida. Já a zetética, embora aceite a imposição da norma, questiona-a.

Conforme evidencia Ferraz Junior (2003, p. 44): "Nenhuma dessas disciplinas é especificamente jurídica". Assim, "Cumpre apenas notar que o enfoque zetético, diferente do dogmático, não visa possibilitar uma decisão e, assim, orientar a ação. Ao contrário, sua finalidade consiste em indagar, perquirir, acerca do que algo é" (Villas Bôas Filho, 2017). A antropologia jurídica está alinhada ao enfoque zetético, pois questiona o pressuposto que define o direito como algo vinculado ao Estado, postulando pela descentralidade da norma e pela alteridade. Dessa forma, a antropologia contesta a concepção de que somente o direito estatal seja visto como representação da legalidade, da justiça e da legitimidade. Por apresentar um distanciamento crítico do mundo jurídico, ela fornece elementos que abalam certezas cristalizadas. Os debates relativos ao pluralismo jurídico demonstram com nitidez a orientação zetética da antropologia, na medida em que esta constrói uma crítica política em relação à regulação jurídica.

Essa visão generalizante da antropologia jurídica aponta fatos comuns a todas as sociedades. Se, de um lado, temos a lei ou um corpo de normas ou códigos estabelecendo direitos e deveres a todos, de outro temos lutas sociais, oposições e litígios que surgem todas as vezes em que as normas são violadas ou há indícios de obsolescência de uma norma. Nesse sentido, as instituições jurídicas atuam para a resolução dessas demandas. Para Norbert Rouland (2008), a serventia da antropologia jurídica está em fazer com que a sociedade atente e se prepare quanto às evoluções do direito que estão em curso como resultados da luta social por um direito mais maleável, tendo a mediação – e não julgamentos burocratizados – como caminho para a resolução de conflitos. Para que a sociedade aceite um direito mais plural e flexível, é necessário que os indivíduos adquiram conhecimento dessa evolução e entendam que sociedades passadas fizeram - e que as sociedades atuais ainda fazem - uso desses expedientes.

— 3.2.1 —
Antropologia jurídica

O desenvolvimento da antropologia jurídica, como vimos, está intrinsecamente ligado às políticas colonialistas no interesse das potências imperialistas. A instrumentalização da antropologia e do direito etnocêntricos quanto à desqualificação do outro torna-se ponto fundamental para entendermos o contexto em que parte da humanidade deu a si própria o direito de tratar a outra parte como algo de que pudessem dispor.

A antropologia, no entanto, foi progressivamente se afastando desse programa inicial marcado pela violência e passou a colocar seu interesse no estudo do direito das sociedades simples, resgatando os fatos históricos que propiciaram a gênese do direito. Esses antropólogos optaram por priorizar a história das normas nas culturas não ocidentais, comparando-a com as normas de outras sociedades simples e com os sistemas jurídicos ocidentais. Rouland (2008) ressalta ser de grande interesse ao antropólogo do direito conhecer primeiramente as normas jurídicas dos povos ágrafos, justapondo-as às normas jurídicas modernas, tendo sempre, porém, a consciência de que, embora o advento da escrita tenha modificado o direito, este não foi criado por ela.

Assim foi que a antropologia jurídica se desenvolveu em dois campos básicos de estudos bem específicos: o estudo do direito nas sociedades ágrafas e o estudo do direito nas sociedades complexas. O estudo do direito das **sociedades ágrafas**, povos anteriores ao advento da escrita, tem tanta importância para a antropologia jurídica que, sem tal conhecimento, seria impossível sua autonomia acadêmica. Todos os grupamentos humanos, em qualquer tempo e lugar, independentemente de seus atributos culturais, elaboraram ou elaboram seu sistema jurídico, direitos que não necessariamente estão fundados em leis escritas. No caso das sociedades ágrafas, há um longo caminho a decodificar nesse período chamado *pré-história do direito*. A evolução do direito nessas sociedades é de difícil apreensão, visto que normas não escritas dificultam a capacidade de abstração. As instituições jurídicas desses povos estão em conexão com os costumes e as normas são passadas oralmente.

Cada grupo tem seu próprio costume e, por terem pouco ou nenhum contato com outras culturas, apresentam uma relativa diferenciação entre um povo e outro. O direito desses povos é concebido como algo vindo de uma ou mais divindades, dificultando a distinção entre o que é norma jurídica e o que é norma religiosa. Como fonte de direito, os antropólogos consideram tudo aquilo que foi empregado na composição das leis, sendo o costume seu principal manancial, pois a moral, a forma elevada do que é o costume, é a base das regras de comportamento. Nas sociedades ágrafas não existe a figura do Estado e, dado seu apego aos costumes e às tradições, raramente ocorrem mudanças.

As **sociedades complexas**, que apresentam grau elevado de diferenciações, isto é, de pluralidade, são caracterizadas pela submissão a um Estado e por apresentarem normas escritas (positivadas), o que faz com que o direito se dinamize e vários subsistemas surjam concomitantes ao direito oficial. Rouland (2008) afirma que a antropologia jurídica reconhece que a oralidade nas sociedades tradicionais (simples) não atrapalhou nem um pouco a construção de sistemas jurídicos tão perfeitos quanto os das civilizações da escrita. É errôneo pensar que o direito escrito é sinônimo de *civilização*, quando se sabe que apenas uma minoria teve acesso à leitura e à escrita. O direito escrito foi, então, mais um dos divisores das comunidades simples, servindo de instrumento de poder para uma minoria.

— 3.3 —
Evolucionismo

O pensamento evolucionista, conceito surgido no século XIX, parte do evolucionismo biológico, do qual Darwin é seu maior representante. Sua teoria da seleção natural postula que, na luta pela existência, sobrevive o que melhor se adaptou. No entanto, essa teoria serviu também ao evolucionismo sociológico, do qual Augusto Comte foi o maior expoente, com a crença de que as civilizações passam por etapas progressivas, que vão da religião (etapa mais primitiva) à metafísica (etapa intermediária) até chegar à última etapa, com as sociedades submetidas ao domínio da ciência positiva, da razão, atingindo o topo do progresso da humanidade.

A teoria evolucionista foi objeto de muitas contestações, objeções e desmentidos. Tanto na sociologia quanto na antropologia, propunha-se medir o "progresso" e o "atraso" de outras sociedades usando como únicos critérios os do Ocidente. A antropologia evolucionista, de pretensões hoje inaceitáveis, tecia julgamentos de valores sem quaisquer objeções. A crença no progresso como marcha inexorável fazia crer na existência de leis universais que regiam o desenvolvimento da humanidade. Segundo Laplantine (1993), tudo o que havia de documentos e relatos acerca da "evolução da humanidade" não passava de um aparente *corpus* científico, muito semelhante à filosofia do século XVIII, ou seja, existiam os dados, mas sem a preocupação de fundamentar a reflexão – esse acervo documental foi estudado apenas no século XIX.

Os antropólogos evolucionistas do século XIX, embora não tivessem, na verdade, nenhuma formação antropológica – eram, em sua maioria, juristas, alguns médicos e outros geógrafos –, foram, precisamente, os fundadores da disciplina. Eram etnocêntricos pela forma como se referiam aos "povos atrasados", porém, sem essa "fase" do pensamento, a antropologia não teria nascido. O século XIX foi, sem dúvida, o período em que mais houve curiosidade sobre o outro, em que mais se intensificou a pesquisa, tornando a antropologia uma ciência autônoma, uma ciência das sociedades primitivas em todos os seus aspectos: político, religioso, econômico, biológico, psicológico. Foi também o século em que se consolidou a revolução industrial inglesa e a revolução política francesa, contextos de grandes mudanças, com a introdução de regras econômicas, jurídicas, sociais e políticas inéditas. No auge do período da conquista colonial, começou o interesse do antropólogo em acompanhar de maneira bastante próxima a vida do colonizado.

As grandes obras publicadas nesse período – O *direito materno* (1861), de Bachofen; *Cidade antiga* (1864), de Fustel de Coulange; O *casamento primitivo* (1865), de Mac Lennan; A *cultura primitiva* (1871), de Edward Taylor; A *sociedade antiga* (1877), de Lewis Morgan; *Ramos de ouro* (1890), de James Frazer – mudaram radicalmente de perspectiva: não se referiam ao indígena como selvagem, mas como primitivo, como o antepassado do civilizado. E foi aqui, precisamente, que o saber antropológico se firmou como conhecimento sobre a origem da sociedade, ou seja, como o estudo das sociedades simples e de sua evolução para as sociedades complexas.

Os antropólogos evolucionistas se interessavam pelas populações reconhecidas como as mais arcaicas do mundo, como os aborígenes australianos, bem como pelo surgimento do "parentesco" e da religião. Parentesco e religião são os dois grandes campos da antropologia que permitem o acesso ao conhecimento das origens sociais, reveladoras que são da origem de nossas próprias instituições. Todos os antropólogos evolucionistas o fazem, mas Frazer, autor de uma das produções de maior referência de toda a literatura antropológica, é o que melhor analisa o processo de crenças e superstições na etapa mais primitiva e o caminho percorrido até atingir o estatuto da religião e da ciência.

— 3.3.1 —
Johann Jakob Bachofen (1815-1887)

O jurista e antropólogo suíço Bachofen produziu estudos importantes acerca do sistema jurídico greco-romano, mas o que marcou a obra desse autor, sem dúvida, foi a investigação antropológica sobre a família como instituição social - um estudo considerado pioneiro sobre o matriarcado. Até então, não existiam pesquisas nem mesmo a possibilidade de se elaborar qualquer conceito sobre família. Não se concebia a família como fruto de um dado histórico, isto é, que tenha sido construída socialmente. Em sua obra O *direito materno*, Bachofen desenvolveu a tese de que a humanidade passou por três etapas: **horda primitiva**, em que os humanos viveram em promiscuidade sexual; **matriarcado**, em que a filiação só era possível por linhagem feminina, visto que as relações sexuais impossibilitavam estabelecer a paternidade; e **patriarcado**, quando o direito paterno venceu o direito materno (Engels, 1978).

Segundo Engels (1978, p. 4), Bachofen sustentava que o matriarcado precedeu o patriarcado na evolução das instituições humanas, colocando em questão a corrente tradicional, que estabelece a família patriarcal como base da sociedade. Para ele, a maternidade, e não a paternidade, é o princípio da vida; portanto, de todas as sociedades humanas, é o princípio de toda a religião: a religião matriarcal. O mito da mãe natureza não é algo que se assemelha a uma estorinha; é, na verdade, o que simboliza a vida das espécies em geral. Os mitos são realidades descritas por meio dos símbolos. Nossas atitudes são demonstradas por meio dos símbolos. Quando queremos declarar amor a alguém, simbolizamos isso por meio de flores, por exemplo. O discurso, quando não é acompanhado por símbolos, não convence. Platão dizia que, às vezes, a própria razão não é suficiente para compreendermos a realidade, devendo-se, então, partir para os símbolos. Os mitos femininos da Antiguidade falam de uma realidade concreta. A humanidade veio de uma deusa – a deusa-mãe ou a mãe terra –, a única com poder de gerar a vida, a natureza e a cultura. Há registros da representação das deusas como criadoras do mundo e seu culto paralelo ao início da história humana, nas civilizações pré-cristãs, como as estatuetas de Vênus, no Paleolítico e no Neolítico (Engels, 1978).

O já citado antropólogo evolucionista James Frazer, em sua obra *Ramos de ouro*, fez avançar a premissa de que o culto à divindade feminina teria origem nos matriarcados primitivos, mesmo mais tarde, nas civilizações grega, romana, egípcia e babilônica, cada qual com sua deusa equivalente. A recepção positiva dessa teoria, dada a utilidade em se descrever uma realidade concreta matriarcal por meio do mito, foi também objeto de estudo de Johann Bachofen, Joseph Campbell, entre outros autores.

Engels (1978) observou, a partir das pesquisas de Bachofen e de Morgan, que tudo o que se referia à reprodução e à sexualidade pertencia à mulher. Com a propriedade privada, e ao observar a reprodução animal, os homens descobriram que também participavam do processo de reprodução. A descoberta do homem como pai teria marcado a passagem do matriarcado para o patriarcado, ou seja, para o filho herdar os bens do pai precisava, necessariamente, ser fruto de uma relação monogâmica.

Por isso, Engels (1978) afirma que a família monogâmica nasceu no contexto da propriedade privada, em que os direitos de herança e de hereditariedade se constituíram. Esse tipo de família surgiu a partir de bases econômicas socialmente construídas, e não mais de forma natural. A privatização da mulher ocorreu em benefício da propriedade privada e de filhos legítimos que a herdem. A monogamia passou a ser uma das primeiras formas de opressão do homem sobre a mulher.

Apesar da importância inegável que essa abordagem teve para a antropologia jurídica, a hipótese de ter existido um sistema político-jurídico matriarcal causou algumas controvérsias. Alguns antropólogos alegaram que, apesar de existirem sociedades que mantém, ainda, o sistema de filiação do tipo matrilinear, isso não é suficiente para afirmar que tenha existido alguma sociedade onde as mulheres pudessem ter exercido o poder político.

Bachofen (citado por Engels, 1978), utilizando-se de pesquisa nas sociedades ágrafas, buscava demonstrar sua tese de que a superioridade masculina passou por um longo processo antes de se alicerçar como sistema dominante. Ele procurou provar sua tese pesquisando conteúdos na literatura clássica que atestam que a mulher detinha grande prestígio e usufruía do respeito dos homens. No sistema matriarcal, a monogamia feminina – quando a mulher se relaciona apenas com um homem – era considerada uma transgressão à lei religiosa, devendo a mulher ser punida nesse caso. A punição determinava que a mulher transgressora se deixasse ser possuída por outros homens por algum tempo (Engels, 1978).

Para Engels (1978), o mérito das obras de Bachofen foi ele ter constatado que a família era produto da evolução história da humanidade, e que esta, ao longo dos tempos, tinha passado por outras formas anteriores à família monogâmico-patriarcal atual. Com base nas concepções de Bachofen, Engels (1978) concluiu que a dominação masculina e a submissão da mulher não são dados naturais imutáveis, como faziam crer as instituições religiosas.

A passagem do direito materno para o direito paterno foi se consumar, de fato, com a introdução de novos deuses capazes de provocar mudanças na lei. Com isso, Bachofen (citado por Engels,

1978) inaugurou uma antropologia da religião, ao demonstrar a substituição das deusas tradicionais, representantes das velhas ideias (direito arcaico materno, de natureza religiosa e jurídica), pelos novos deuses, o novo direito, reflexo de uma incipiente religião patriarcal que garantisse doravante aos homens o domínio sobre a sociedade. Para ilustrar seu ponto de vista, Bachofen recorreu à obra *Oréstia*, de Ésquilo, e a interpretou como uma cena dramática da luta entre o velho direito materno e o novo direito paterno e da consequente derrota do primeiro (Engels, 1978).

— 3.3.2 —
Passagem do direito materno para o direito paterno

Na peça Oréstia, de Ésquilo, Agamenon, herói grego, comandante vitorioso dos exércitos na guerra de Tróia, foi assassinado por sua esposa, Clitemnestra, durante seu regresso à Grécia. Ela matou seu marido porque pretendia ficar com Egisto, seu amante. Contudo, o assassinato de Agamenon acabou por ser vingado por Orestes, que matou a mãe, Clitemnestra, punindo-a pelo assassinato do pai. Daí em diante, Orestes passou a ser perseguido pelas Erínias, divindades rejeitadas, embora toleradas pelos deuses homens, protetoras do velho direito materno, no qual consta ser o crime de matricídio o pior e mais imperdoável de todos os crimes. As Erínias começaram, então, a perseguir

Orestes com insistência, reclamando o sangue materno derramado e desejando morte violenta para o assassino (Engels, 1978).

As Erínias são deusas justas, porém inflexíveis, e não aceitam súplicas ou atenuantes quando se trata de castigar o homicídio entre os consanguíneos, mais ainda se o crime for o de matricídio. Em defesa de Orestes estavam Apolo, que o incitara a matar sua mãe, e Palas Atena, presidente do Tribunal do Júri ateniense, o Areópago, para onde o caso foi levado. Ambas as entidades trabalhavam em favor do direito paterno. Atena ouviu as duas partes. Orestes argumentou que Clitemnestra foi duas vezes criminosa ao matar o marido dela e o pai dele e não aceitou a perseguição das Erínias contra ele. As Erínias replicaram que Clitemnestra não estava ligada por vínculo de sangue ao homem que assassinou. Houve empate no número de votos pela condenação e pela absolvição. Palas Atena, como presidente do Tribunal, votou pela absolvição de Orestes. O direito materno foi derrotado pelo direito paterno. As Erínias reconheceram que os novos deuses eram mais poderosos que elas e, resignadas, consentiram em ficar à disposição do novo estado de coisas (Engels, 1978).

— 3.3.3 —
Edward Tylor (1832-1917)

A antropologia evolucionista tem como objetos de estudo as sociedades primitivas, as estruturas de parentesco e a religião.

O antropólogo britânico Edward Tylor buscou demonstrar, em seus estudos, que a humanidade passou (e passa) por processos de crescimento no decurso de sua história. Utilizando-se do método comparativo, desenvolveu o conceito de aderência cultural, isto é, o hábito que se transforma em cultura, ou o costume no qual se ergue a moral, tomado como regra de comportamento. Taylor organizou os costumes em uma espécie de tabela e estabeleceu ligações entre eles, ao qual denominou *aritmética social*.

Tylor (citado por Mello, 1982, p. 390) sintetiza a religião como "uma crença no sobrenatural". Esta, que é uma das instituições humanas primordiais, carrega dois componentes: a crença, compreendida como uma atitude de fé, de reconhecimento e respeito pelos símbolos que representam a religião; e o sobrenatural, que é a essência da fé, aquilo que não pode ser explicado objetivamente. A crença na alma já era comum desde os povos primitivos e está na origem da religião, como substâncias que transcendem a matéria. A carência de explicação sobre determinados fenômenos, como a morte, a doença e os sonhos, levaram os humanos a criar convicções sobre a existência do sagrado e a extensão da vida.

O trabalho antropológico de Tylor foi de grande valor, ao demonstrar que todas as sociedades primitivas dispunham de um conjunto de crenças – que pode ser identificado como *magia* ou *religião* –, cujo elemento central consiste em crer na existência de atos mágicos sobrenaturais que incidem no acontecimento desejado. Alicerçados nesses sistemas religiosos, erigiram-se as instituições complexas, entre as quais as instituições jurídicas e do Estado.

Conforme Laplantine (1993), os aborígenes australianos, um dos povos mais simples da Terra, oferecem respostas importantes no que se refere à origem de nossas instituições, por ser a população mais antiga e os primeiros a sair da África antes do resto da humanidade e que continuam vivos. Sua cultura material é de extrema simplicidade: não manipulam metais, não fabricam tecidos ou cerâmica nem criam animais. No entanto, têm uma complexa cultura oral e valores espirituais, bem como uma intrincada estrutura de parentesco.

Os povos primitivos têm um alto valor para a antropologia, principalmente às correntes evolucionistas, pois nos informam os primórdios da civilização, como as culturas elementares e originais. A perspectiva evolucionista considera como inferiores os povos anteriores à civilização, exatamente por não apresentarem os elementos que fizeram dos povos aquilo que se considera superior e, portanto, civilizados: como a escrita, um sistema cultural-filosófico complexo de ideias, valores, norma, artes, técnicas, condições elaboradas de materiais de existência e a presença do Estado.

Para Clastres (1990, p. 132-136), no entanto, a inexistência do Estado nas sociedades primitivas não significa que estas são sociedades inferiores ou que haja ausência de relações políticas. Ele observa que, na sociedade primitiva, há pleno exercício de poder controlando tudo e todos. Aliás, o termo *primitivo* nasceu do preconceito ideológico e etnocêntrico segundo o qual só as sociedades civilizadas têm Estado. Nesse sentido, Lévi-Strauss (1993b) declara ser essa expressão *povo primitivo* uma noção caduca, propondo novos termos, como *sociedade arcaica* e *sociedades sem escrita*, baseadas na oralidade.

Quanto ao estudo do sistema de parentesco, os evolucionistas buscaram evidenciar o precedente histórico dos sistemas de filiação matrilinear sobre os sistemas de filiação patrilinear. No sistema matrilinear, a organização e a descendência de um grupo, uma família, um clã ou uma linhagem é contada em linha materna. Os filhos são da mãe. A partir dos estudos de Morgan, o patriarcado, sistema posterior ao matriarcado, foi definido como um sistema político-jurídico, no qual a autoridade e o direito sobre os bens e as pessoas passaram a obedecer a uma regra de filiação patrilinear (Roudinesco, 2003).

— 3.4 —
Lewis Morgan (1818-1881) e a antropologia social

Lewis Morgan foi um evolucionista e pioneiro no campo da antropologia social e do parentesco, em que abordou o humano como ser cultural com base nas formas de relação social, nas ideias sociais e políticas e, principalmente, nas estruturas do parentesco. Contribuiu grandemente com a antropologia jurídica pelo conhecimento que adquiriu estudando a cultura indígena estadunidense. Sua pesquisa, no orbe da antropologia jurídica, destacou os iroqueses, civilização pré-colombiana situada na região dos Grandes Lagos entre o Canadá e os Estados Unidos. Em seus estudos, Morgan apreendeu as sociedades arcaicas não como algo bizarro, esquisito, mas como parte da humanidade total, como imensas redes de cooperação formando sistemas de parentesco (Laplantine, 1993).

De acordo com o viés evolucionista, Morgan (citado por Engels, 1978) estabeleceu as três etapas básicas pelas quais a organização familiar passou ao longo do tempo: selvageria, barbárie e civilização. Utilizou o método comparativo para fazer correlações entre as civilizações indígenas e as primeiras formas com que os gregos e os romanos organizaram as estruturas de parentesco. Assim, na etapa denominada *selvageria*, a característica comum do parentesco é a que ocorre pelo matrimônio por grupos. É o período em que inexiste a propriedade privada e todos são coletores do que a natureza prontamente oferece. Já etapa chamada *barbárie* caracterizou-se pelo matrimônio sindiásmico, em que a monogamia era uma regra apenas para as mulheres. Nessa época, os humanos começaram a produzir para sua sobrevivência, e não mais apenas extraíam da natureza. Aqui, concomitantemente à criação de animais, à agricultura, à cerâmica e à fundição do ferro, nasceu a ideia de propriedade privada. Por fim, na etapa denominada *civilização*, surgiu o casamento monogâmico, no qual a regra da monogamia é para os dois cônjuges (Engels, 1978).

Engels (1978, p. 4) escreveu, no prefácio à quarta edição (1891) de seu livro A *origem da família, da propriedade privada e do Estado*, que recebe forte influência da obra de Morgan A *sociedade antiga* no que concerne à concepção materialista da história. A relevância da pesquisa de Morgan reside no fato de ele ter percebido que a forma de parentesco greco-romana do tipo união gentílica é a mesma encontrada entre os iroqueses.

As comunidades gentílicas (genos) são as primeiras formas familiares. Segundo Engels (1978, p. 6),

> O trabalho é a fonte de toda riqueza, afirmam os economistas. Assim é, com efeito, ao lado da natureza, encarregada de fornecer os materiais que ele converte em riqueza. O trabalho, porém, é muitíssimo mais do que isso. É a condição básica e fundamental de toda a vida humana. E em tal grau que, até certo ponto, podemos afirmar que o trabalho criou o próprio homem.

O trabalho é o primeiro ato para nossa sobrevivência. É por meio dele que produzimos as condições de vida. Como não somos capazes de sobreviver sozinhos, precisamos da ajuda do outro; assim se formaram os primeiros grupos familiares. Esse trabalho de sobrevivência é físico e necessário, diferente do trabalho político, que é imaterial e simbólico. Para Engels (1978), o grupo que está no gênese da luta pela sobrevivência são as comunidades gentílicas, ou famílias primitivas, sendo também a forma que existiu em todos os povos e a que mais durou. Trata-se do período denominado *selvagem*, no Paleolítico. Como não havia um planejamento visando ao futuro, visto que a economia era de subsistência, ninguém pensava em estocar alimentos. As pessoas viviam de maneira natural, coletando aquilo que a natureza fornecia, em uma economia de subsistência. O trabalho era executado coletivamente no âmbito da família, e as relações sociais eram igualitárias, sem hierarquia de gênero, em razão, também, da inexistência da propriedade privada dos meios de produção (Engels, 1978, p. 25-26).

Nesse primeiro período do grupo primevo, todos os avôs e avós eram maridos e mulheres reciprocamente, sucedendo-se, da mesma forma, com os filhos, e assim sucessivamente. No segundo período, a família organizou-se de modo a excluir das relações sexuais mútuas os irmãos: primeiramente os irmãos uterinos até chegar aos irmãos colaterais (primos). Com essas interdições sexuais pela linha materna, o grupo primevo transformou-se em um genos, ou seja, organizou-se em um círculo fechado de parentes consanguíneos que eram proibidos de se relacionar sexualmente uns com os outros. Daí para frente, essa nova ordem social consolidou-se, distinguindo os genos de uma mesma tribo por meio de instituições religiosas (Engels, 1978).

O genos não tinha liderança; a pessoa mais velha da tribo, o *pater*, gozava de prestígio por ser portadora da sabedoria ancestral, com coragem e discernimento na solução de problemas. A propriedade da terra continuava sendo coletiva, em um comunismo primitivo, pois os laços de solidariedade eram muito fortes, já que a terra pertencia a todos. A formação social era bastante simples, isto é, de pouca complexidade, porque a coesão do grupo era mantida apenas com base na proximidade do parentesco, no respeito à ancestralidade, fazendo com que todos se ajudassem mutuamente, tanto na manutenção da paz quanto na defesa do genos. A pouca complexidade fazia com que não houvesse mudanças nas regras sociais, fazendo destas o costume. O costume se constituía, por si só, uma autoridade: a autoridade do precedente. A força do "sempre foi assim" tornou-se a tradição e a moral do grupo, e quem violasse-as incidia em crime. O costume era a lei. Eis o direito arcaico (Engels, 1978).

Em tempo de guerra, os genos se uniam e, dessa união, formavam-se as frátrias, e as várias frátrias (demos) formavam a tribo. As junções das frátrias estão na origem da *polis* grega. Com o inevitável crescimento demográfico dentro dessas sociedades, tiveram início os conflitos por terra, principalmente por terras férteis, e começou, também, a desagregação da comunidade gentílica. O direito passou a enfraquecer após a fragmentação dos genos em grupos familiares menores, agora monogâmicos, e o surgimento das formas mais complexas de interação social, com o advento da propriedade privada, da divisão da sociedade em classe e do trabalho escravo. Há uma redução dos vínculos de solidariedade e um aumento da autonomia dentro do próprio genos (Assis; Kümpel, 2011).

A *polis* grega surgiu, assim, com a crise de solidariedade instaurada com a fragmentação da comunidade gentílica. Aqueles que eram mais íntimos, ou filhos primogênitos do *pater*, começaram a se apoderar das terras. A sociedade passou a se dividir entre proprietários de terra e não proprietários, que doravante trabalhariam para os proprietários como escravos. A *polis* surgiu autônoma política, econômica e militarmente. A unidade era mantida apenas pela língua grega e pela religião mitológica (Engels, 1978).

No lugar do vínculo de solidariedade, surgiu a luta pela sobrevivência e, com esta, a guerra pela posse da terra. As frátrias reunidas, originando agora o *demos* ("povo", "povoado"), passaram a ver a terra não como mais como propriedade coletiva, dividindo-a de modo desigual. Assim, a população mais distante do *pater*, quando não ficavam com terra insuficiente para o plantio, recebiam as piores terras. Na sequência da partilha, os mais injustiçados foram os *thetas* (marginais), que nada receberam. A escassez de terra fértil, agora nas mãos de uns poucos, formou uma pequena elite – a aristocracia (Engels, 1978).

A ideia de privatizar o bem coletivo fez desaparecer o atributo primordial do humanos primitivos: a inexistência da exploração de um pelo o outro. Com a mão de obra escrava, a produção aumentou e surgiu o excedente para trocar ou para estocar. Novas possibilidades e novos comportamentos aumentaram os problemas sociais, os conflitos e as contradições, fazendo com que, em razão disso, o universo jurídico se especializasse por meio do enfraquecimento da consciência coletiva e do avanço da consciência individual altamente competitiva (Engels, 1978).

Com a sociedade de classes e a divisão do trabalho, ocorreu o aumento da produtividade, a inerente acumulação de riqueza e a consequente desigualdade social. Essa produção a mais do que o necessário à sobrevivência trouxe uma nova visão de mundo: a acumulação como fator de felicidade, segurança e *status*. Acumular poder era a forma de garantir a continuidade da desigualdade social. À desproporção patrimonial entre proprietários dos meios de produção e não proprietários seguiu-se a desproporção entre sujeitos livres (ricos) e sujeitos escravos (pobres). Os não proprietários dos meios de produção tornaram-se proprietários da força de trabalho, a força motriz que gera a riqueza do rico. O antigo *pater* do genos era agora chefe de uma família mais poderosa e infimamente menor que o genos, mas que é a unidade produtiva, o lugar no qual vivem os filhos, a esposa, os parentes agregados e os escravos (Engels, 1978).

A polis grega nasceu, assim, da ideia de privatização da produção, ou seja, de que são os indivíduos, e não coletivo, que desempenham melhor o trabalho. Essa ideia de que a propriedade é melhor administrada pelo indivíduo do que pelo coletivo está diretamente ligada ao avanço da consciência individual. Proprietários e não proprietários tornaram-se, então, classes antagônicas, o que levou os primeiros a engendrar um terceiro poder que pairasse acima dos conflitos de classe - um poder legal, teoricamente neutro, que garantisse as leis sobre a propriedade e os privilégios sobre os dominados. Emergiu, assim, a figura do Estado como instrumento jurídico, mecanismo de poder público a serviço dos interesses privados (Engels, 1978).

— 3.5 —
Evolucionismo: religião e direito

A religião na Roma antiga apresentava concepções baseadas no culto aos espíritos dos mortos, que era realizado no âmbito privado. Os patrícios romanos buscavam proteção dos espíritos domésticos, os chamados *deuses lares*, e em cada casa havia um altar em que era possível cultuar os espíritos dos antepassados. Nesse altar era mantido o fogo sagrado, sendo proibido o uso dele para quaisquer fins que não o religioso. O fogo doméstico era o elemento central do culto e nele eram oferecidos sacrifícios alimentares diariamente. O fogo deveria ser conservado com madeira especial e nenhum ato que pudesse dessacralizar seu significado poderia ser cometido na frente dele (Coulanges, 1998).

Com o tempo, a sociedade romana foi-se tornando complexa, e a religião, que era praticada no espaço doméstico - o culto doméstico -, passou a ser a religião da cidade, o culto público, sob a administração do Estado. O fogo sagrado do espaço doméstico passou a ser o fogo público protegido pelas vestais, mulheres jovens e virgens que tinham o dever de alimentá-lo para que jamais se extinguisse. A religião pública era agora administrada por um Colégio de Pontífices - um corpo religioso aristocrático formado apenas por patrícios descendentes dos fundadores de Roma. A administração da justiça ficou também sob o monopólio dessa organização sacerdotal, a qual produzia e detinha não só o saber jurídico, mas também sua interpretação e sua aplicação, ou seja, apenas eles sabiam as normas do sistema judicial estatal. O rei ocupava o topo na hierarquia sacerdotal: reinava sobre a cidade e sobre as coisas sagradas. Nesse contexto, o Colégio de Pontífices revelou um importante papel na formação do direito costumeiro antigo, com poder de interferência na vida social porque só eles sabiam interpretar a vontade dos deuses (os *auspícios*), que se manifestava por meio do voo ou do canto de uma ave, um trovão etc. (Coulanges, 1998).

Nessa sociedade, portanto, eram os sacerdotes que aconselhavam o Senado sobre qualquer assunto, fossem referentes ao sagrado, incluindo a lei dos mortos, fossem sobre as decisões políticas ou normas sobre a família, como adoção ou herança. Os sacerdotes garantiam os ritos porque sabiam que eles mantinham a sociedade em ordem. Eles sabiam que o cidadão que obedecia às normas de conduta religiosa, que respeitava os deuses, acabava por garantir, também, a ordem político-social. É por isso que, em sociedades como essa, direito, religião e política não se dissociam nem se diferenciam. É por isso que todas as ações que consistem em desvincular o direito da religião se transformam em processos lentos e prolongados (Coulanges, 1998).

Foucault (1996) apontou que, na sociedade grega arcaica, era por meio do juramento aos deuses que o indivíduo produzia a prova da verdade. Tratava-se de um tipo de julgamento onde a interferência humana era proibida, já que a prerrogativa de se fazer justiça pertencia aos deuses. Esse tipo particular de produzir a verdade jurídica por meio de procedimentos mágico-religiosos também fazia parte do antigo direito germânico e permaneceu por muito tempo na Europa.

Entre os povos primitivos existiram certas práticas mágico-religiosas denominadas *ordálias*, cujo registro mais antigo encontra-se no Código de Hamurabi e no livro de Números, o quarto livro da Torá. Essa prática, trazida pelo antigo direito germânico e que vigorou na Europa até a Idade Média, era tida como o juízo de Deus (*judicium Dei*). A culpa ou a inocência do réu dependia da interpretação do juízo divino de acordo com a forma como os elementos da natureza agiriam. O uso dessa modalidade judicial utilizada amplamente em todo o mundo antigo até as vésperas dos tempos modernos foi diminuindo gradativamente, até ser substituído pela testemunha, que, no caso, também estava sujeita ao juramento de dizer a verdade.

O direito, portanto, não se descolava do sagrado. A vida, o nascimento, a morte, a família e o casamento eram entidades sociais ligadas ao sagrado. No direito brasileiro, existe essa aproximação no casamento religioso com efeitos civis, isto é, o casamento religioso tem o mesmo efeito do casamento civil, desde que documentado. O fluxo migratório em nosso país revelou, então, uma profusão de religiões, todas protegidas, sem exceção, pela Constituição.

A evolução do direito está ligada, desse modo, a fatores sociais, como o econômico, o político e o cultural. Tal qual é a base econômica de uma sociedade, lá está o direito perfeitamente adequado àquela prática, seja ela agrícola, seja comercial ou industrial. Observamos o mesmo processo evolutivo nos aspectos políticos quando, por exemplo, uma nação procede à conquista de um povo e, ato contínuo, submete ao vencido suas leis e seus códigos. Da mesma forma, a evolução do direito pode ser observada quando a cultura de um povo conquistado é considerada superior a ponto de exercer influência sobre as instituições jurídicas do conquistador, como ocorreu na conquista da Grécia pelos romanos. A influência grega na cultura romana foi tão marcante que o Renascimento costuma ter como base a chamada *cultura greco-romana*. O interesse de Roma pelos gregos é, sabidamente, a admiração pela cultura, pela literatura e pela arte desse povo, o que fez com que Roma se aculturasse – processo que ficou conhecido como *helenização*.

— 3.5.1 — Sobre o simbólico

O ser humano é, por natureza, gregário. Foi na transição da natureza para a cultura que começamos a fazer o que denominamos *história*. Quando dizemos que instituições sociais são *históricas*, queremos dizer que são produtos da mente humana, e não um dado da natureza. Na natureza, nascemos programados, tudo o que devemos fazer para sobreviver está dado naturalmente em nós. Em sociedade, podemos moldar os seres humanos, educar nossos filhos para serem cristãos ou muçulmanos, capitalistas ou socialistas, belicistas ou pacifistas. Os humanos não nascem prontos, eles se tornam o que são. Construímos a história, a sociedade, e passamos a nos conceber como seres distintos de outras espécies – talvez, por isso, alguns ainda tenham tanta relutância em aceitar a tese de Darwin de que somos apenas mais uma espécie animal. Em nossa evolução, fomos conquistando habilidades cognitivas sem precedentes, e, com isso, novas formas de pensar e de se comunicar foram revolucionando nossa espécie. Começamos a nos comunicar usando um tipo de linguagem totalmente novo, algo diferente do que tínhamos até então. Contudo, mais importante do que conhecermos as causas exatas de nossa evolução é entender as consequências disso tudo.

Todos os animais se comunicam de alguma forma, mas só nossa linguagem é versátil. Por pertencer ao campo do simbólico, apenas ela pode produzir um número infinito de significados e uma quantidade extraordinária de informações sobre o universo que nos cerca. Nossa linguagem evoluiu para uma forma de cooperação social, primordial para nossa continuidade, sobrevivência e proteção. Assim, a rede de informação construída possibilitou localizar quem era traidor, quem era digno de confiança, quem fazia o quê, com quem, como e aonde. Dessa forma, já os primeiros humanos puderam desenvolver maneiras de cooperação mais efetivas, aprimoradas e sofisticadas. Os operadores da justiça, tanto nos primórdios quanto hoje, precisam de informações sobre os comportamentos inadequados para reprimi-los e restaurar a solidariedade coletiva, e o mesmo ocorre com os operadores da religião.

As explicações sobre a origem das coisas começaram a ser elaboradas. Mitos, deuses e religiões começaram a surgir, e nesse ponto está o que é verdadeiramente único em nossa linguagem: a capacidade de informar sobre coisas que não existem ou das quais não se comprova a existência. Entidades que nunca foram vistas, tocadas ou cheiradas inauguram na história humana a chamada *revolução cognitiva*. Graças a ela, com a obrigação de obediência às leis, desenvolvemos a capacidade de dizer: *o espírito que guarda nossa cidade tem poder para castigar os transgressores da lei*.

A capacidade de falar sobre ficção e a capacidade de se fazer acreditar nela são fenômenos só possíveis na linguagem humana. A crença em deuses, no Estado, na lei, no sistema econômico é a verdadeira estrutura sob a qual se erigiram todas as simbólicas instituições humanas. É por meio dos sistemas simbólicos que os humanos governam o mundo, fazem leis, criam castigos e classificam quem é correto e quem não é. Se todos acreditarem nos mesmos mitos, a chance de cooperação é bem maior, como maior é a chance de dominar. Deuses, leis, direito, justiça, nada disso existe fora das histórias que os seres humanos inventaram e passaram adiante. Seria muito difícil criar o Estado, as leis ou as igrejas se falássemos somente coisas que realmente existem, como as montanhas, as árvores ou os animais.

Muitos fatos de nossa história giram em torno de como convencer multidões a acreditar que tal deus é o verdadeiro e que todos os outros são falsos, tal Estado é o mais adequado, tal pessoa é o melhor líder. O temor do futuro, da fome, por exemplo, leva as pessoas a imaginar coletivamente a existência de seres protetores, a acreditar na eternidade da alma. Conseguir convencer milhares de pessoas a respeito de que algo existe e é verdadeiro é o passo certo para o acúmulo de poder. A ficção, o constructo social, as representações não são mentiras. Mentira é, por exemplo, dizer que possui um cachorro quando, na verdade, possui um gato. Pelo contrário, uma ficção é algo em que todos acreditam, e, ao acreditarem, partilham, interagem, sociabilizam e fazem com que a crença persista. Ninguém estava mentindo quando, em 1919, foi idealizada em Versalhes a Liga das Nações para negociar um acordo de paz após a Primeira Grande Guerra. Nós, os humanos, vivemos uma realidade dual. De um lado, temos a realidade objetiva de uma rocha; de outro, a realidade imaginada de deuses, estados e ordenamentos jurídicos.

Há, porém, a possibilidade de se deixar de acreditar em deuses, mitos e lendas. Quando parte dos fiéis da Igreja Católica desacreditaram dos santos da instituição e passaram a acreditar em uma relação direta com o divino, sem mediadores, causaram um grande cisma na instituição religiosa dominante. Os franceses, quando trocaram a crença no mito do direito divino dos reis para a crença no mito da soberania popular, fizeram, em 1789, uma grande revolução.

A antropologia afirma que, desde que os humanos inventaram uma diversidade de realidades imaginadas, declararam também sua independência da biologia. Socialmente, não somos o que a biologia determina, mas o que inventaram que somos: bonitos, feios, valentes, covardes, bons, maus. A biologia determina as características básicas para o comportamento e as capacidades humanas. A cultura acontece dentro dos limites desses parâmetros biológicos. Entretanto, a habilidade de fabricar realidades torna o campo cultural imenso, propiciando que os humanos joguem uma inimaginável combinação e variação de jogos cada vez mais elaborados. Assim, a fim de compreendermos os comportamentos humanos – isto é, porque os humanos fazem determinadas coisas –, devemos, primeiramente, conhecer a história de suas ações. O universo dos sentidos, dos sentimentos e das crenças é, por definição, muito mais problemático de se decodificar. O que poderíamos dizer, por exemplo, sobre os sistemas de crença, jurídico e de parentesco dos povos primitivos?

— 3.6 —
Culturalismo

A antropologia no século XX produziu um rompimento em relação ao paradigma evolucionista e positivista, gerando novos saberes. Franz Boas, Bronislaw Malinowski, Ruth Benedict e Margareth Mead foram alguns dos antropólogos a fazer essa transição. O pesquisador deveria, assim, empreender o trabalho de campo, a etnografia, ao mesmo tempo em que abandonaria o gabinete de onde analisava, de forma indireta, os relatos trazidos por missionários, funcionários das colônias e militares.

Para a pesquisa etnográfica ser realizada, é necessária a presença do antropólogo no próprio grupo que ele quer estudar, de forma intensa e prolongada. Alemão, radicado nos Estados Unidos, Boas foi o pioneiro dessa mudança, ao colocar o antropólogo como observador direto e em longas estadias de contato com o povo objeto, unindo, assim, teoria e objeto no trabalho de campo.

Os antropólogos culturalistas chegaram à conclusão de que o sistema cultural das sociedades simples, dos povos ditos *primitivos*, era bem mais complexo do que os antropólogos evolucionistas haviam pensado. Dessa forma, qualquer tipo de comparação entre sociedades acaba sendo, de alguma forma, arbitrário. Para os culturalistas, era impossível comparar sociedades e provar, a partir disso, que algumas são evoluídas (superiores) e outras atrasadas (inferiores).

— 3.6.1 —
Franz Boas (1858-1942)

Quando seus estudos se iniciaram, Franz Boas encontra uma antropologia marcada pela noção de que raça e cultura se manifestavam de modo interdependente, de modo que a cultura era determinada pela raça. Ao negar esse conceito, Boas contribuiu de forma decisiva para o combate ao racismo. Boas também criticou o conceito evolucionista de estágio. Sua antropologia estudava cada sociedade de maneira relativa, analisando cada conjunto de normas a partir dela mesma. Para ele, a visão de que a humanidade evolui de forma semelhante e progressiva do simples ao complexo, passando de um estágio a outro – ou seja, o método comparativo usado pelos evolucionistas, de acordo com o qual as culturas primitivas são catalogadas como inferiores quando comparadas com a cultura europeia, não por acaso, a cultura do observador – deveria ser abandonada. De acordo com Boas, não existe cultura, mas *culturas*, e cada sociedade tem uma cultura que lhe é própria. O conceito de relativismo cultural nascido nesse contexto tornou-se, então, uma ferramenta política e jurídica de enfrentamento não apenas do racismo, mas também de quaisquer outros tipos de preconceito (Mello, 1982).

Entretanto, essa nova abordagem acabou gerando um impasse no século XX. Como cada sociedade tem um tipo de cultura, com normas e costumes próprios, resta a qualquer outra sociedade respeitar essa cultura. Entretanto, alguns costumes nos parecem inaceitáveis: Como poderíamos aceitar um ritual indígena que sacrifica um dos bebês nascidos gêmeos por acreditar em sorte/azar a depender ou não de manter vivo um deles? Ou a prática da mutilação em mulheres de algumas etnias em nome de ideais sobre pureza? Trata-se de violação aos direitos humanos? Quem decide? Uma forma de solucionar esse impasse é pensar em termos de poder a partir de dentro de cada cultura. Se parte de uma sociedade se sente oprimida por determinados costumes ou práticas agressivas, então é correto e justo rejeitá-los, observando, porém, que tais costume devem ser postos em questionamento com base em parâmetros daquela cultura, e não de uma cultura de fora (Mello, 1982).

Países que proíbem, dentro de seus territórios, práticas e comportamentos religiosos como o uso do véu islâmico em determinados ambientes são considerados hoje como intolerantes, desrespeitosos da liberdade religiosa dos muçulmanos. Os antropólogos culturalistas compreenderam que cada cultura produz padrões culturais, isto é, os padrões de comportamento são práticas regulares com as quais todos se identificam. Essa personalidade padrão à qual todos se inclinam é a própria cultura; assim, tudo o que vemos ou sentimos passa por esse filtro. Não existe a possibilidade de olharmos o mundo fora dos olhos da cultura (Mello, 1982).

Uma das principais bases que modelam nossas percepções é a linguagem. É por meio dela que fazemos a transmissão de valores, ideias e modos de ver o mundo. A linguagem normaliza as condutas a ponto de nos fazer acreditar que certos modos de ser são naturais, e não culturais. Era natural, por exemplo, acharmos que certos comportamentos são naturais de cada gênero – como "homem não faz tarefas domésticas", pois isso é da "natureza" feminina. Papéis que naturalmente eram destinados a um ou a outro gênero sabemos, hoje, que não passavam de costume antigo, tantas vezes repetido que se tornou natural. Costumes tidos como opressores passam por um processo de desnaturalização. Aquilo que, em uma época, foi considerado normal e natural, hoje sabemos que é apenas um entre outros modos culturais. Esta é a tese fundamental de Boas: não somos determinados pela nossa biologia, mas é a cultura que nos molda; assim, somos o que somos ao crescer em determinada cultura em que a raça em nada nos influenciou. Isso significa que podemos nos tornar solidários, tolerantes e piedosos se a cultura for equilibrada (Mello, 1982).

— 3.6.2 — Margareth Mead (1901-1978)

Margareth Mead entendia que o trabalho de campo é vital para a pesquisa antropológica. No século XIX, houve uma grande preocupação em proteger as sociedades primitivas da desaculturação promovida por ações de missionários e, mesmo, do capitalismo em expansão. Houve, então, uma corrida no sentido de coletar o maior número de dados, descrição pormenorizada de todos os elementos que compunham a cultura, sendo a linguagem a mais importante. A língua da cultura ágrafa deve ser aprendida pelo observador, visto que o patrimônio abstrato do grupo é reproduzido oralmente. Mead, aluna de Franz Boas, reiterou a tese do antropólogo sobre raça/cultura e comprovou, em suas pesquisas, que a raça não determina a cultura; antes somos formados por ela. Mead estudou um povo extremamente pacífico, reflexo de uma cultura equilibrada (Mello, 1982).

Nascida nos Estados Unidos, Mead foi para Samoa, na Polinésia, pesquisar a vida dos adolescentes daquela cultura, onde fez um levantamento dos problemas enfrentados por eles e, por meio de um estudo comparado, criou referências para entender a cultura dos adolescentes de seu país. Ela queria saber se as angústias que marcavam a adolescência em seu país eram oriundas de uma natureza própria dos adolescentes ou da cultura. Percebeu, assim, que a transição da infância à adolescência em Samoa ocorria de modo ameno, bem diferente do que acontecia com os adolescentes dos Estados Unidos. Em suas observações, observou que as jovens samoanas adiavam o casamento por tanto tempo quanto quisessem, mas nada as impedia de manter relações sexuais ocasionalmente. A divulgação dessa pesquisa em 1928 deixou a sociedade estadunidense em choque, o que, aliás, só comprova - comparando, agora, com a nossa cultura - que inexiste uma natureza nos comportamentos, mas apenas a cultura (Mello, 1982).

Pesquisando dados sobre sexo e temperamento em outras sociedades, Mead demonstrou que as mulheres ocupavam lugar de comando na tribo Tchambuli, em Papua-Nova Guiné, sem que isso causasse qualquer constrangimento aos homens. A ausência de dominação masculina pode ser atribuída à proibição da guerra pela administração australiana. A dominação, seja por parte das mulheres, seja por parte dos homens, é, portanto, apenas uma questão de cultura, e não de um gênero especificamente (Mello, 1982).

Assim, Mead foi constatando que os membros de uma sociedade podem ser pacíficos ou beligerantes, competitivos ou igualitários, em razão do padrão cultural de cada povo. Ela atestou que o temperamento de uma pessoa não está biologicamente determinado pelo sexo, antes, são fatores culturais ou sociais que o afetam. Homens não são agressivos porque sua genética que os impulsiona à agressividade, da mesma forma que mulheres não são necessariamente "do lar" por fatores ligados à genética. Desse modo, elementos que associamos com o masculino e feminino podem apresentar-se em padrões culturais diferentes dos da nossa sociedade (Mello, 1982).

— 3.6.3 —
Bronislaw Malinowski (1884-1942)

Um dos grandes pais fundadores da antropologia social e um dos principais representantes da teoria funcionalista, Bronislaw Malinowski foi também um grande crítico da teoria evolucionista. Segundo a teoria funcionalista, as sociedades podem ser estudadas a partir do momento em que são observadas, sem que, para isso, seja necessário que se remonte ao processo histórico que a constituiu. Descobrindo o que faz com que uma sociedade funcione se terá a explicação sobre sua cultura (Mello, 1982).

A sociedade é vista pela teoria funcionalista como uma totalidade. Nesse sentido, Malinowski comparou o corpo social a um organismo biológico, cujos órgãos, interligados e interdependentes, são as partes que fazem o funcionamento do todo. Essa teoria explica, portanto, o funcionamento de um sistema em sua própria lógica interna, ou seja, em perceber o que torna viável o funcionamento de uma sociedade. As culturas constituem um todo que só pode ser apreendido ao se desvendar a função que cada uma das partes (órgãos) exerce. Assim, não há um único órgão dentro desse sistema que possa ser dispensável (Mello, 1982).

Em seu livro *Argonautas do Pacífico Ocidental*, Malinowski descreveu sua prolongada estadia entre os trobriandeses. Sua pesquisa de campo é, antes de tudo, um trabalho de profunda alteridade. Em sua convivência com os trobriandeses, Malinowski interiorizou como ninguém as formas de sentir e agir daquela comunidade, transformando-se, de fato, em um deles. O processo de assimilação do modo de ser dos trobriandeses ocorreu por meio da técnica chamada *observação participante*, que permite ao pesquisador aculturar-se de modo a alcançar sua totalidade, isto é, a integração e a coerência de cada uma das instituições que fazem uma comunidade funcionar. De acordo com Leslie White (citado por Marconi; Presotto, 2006, p. 257), as sociedades humanas existem como uma totalidade orgânica constituída de partes interdependentes, as quais não podem ser compreendidas separadamente do todo, e o todo só pode ser compreendido em termos de suas partes, suas relações umas com as outras e com o sistema sociocultural em conjunto (Mello, 1982).

Para explicar o funcionamento dos sistemas, Malinowski partiu do modelo biológico de natureza humana, ou seja, o ambiente primário, em que cada indivíduo precisa satisfazer suas necessidades básicas: comer, beber, dormir, procriar. A cultura surgiu para realizar essa função de forma ordenada, criando as instituições. Por sua vez, o ambiente secundário ou artificial da cultura cria condições propícias para atender a essas demandas elementares, que se transformam em padrões de vida que vão se reproduzindo continuamente por meio das instituições educacionais. Assim, somos determinados não só pela natureza (biologia), mas também pelos padrões sociais (cultura) (Mello, 1982).

As instituições (jurídicas, econômicas, religiosas, políticas) são projeções parciais que fazem funcionar a sociedade à medida que satisfazem as necessidades primárias de cada indivíduo, deixando muito claro seu papel de equilíbrio e de manutenção da sociedade. Se cada instituição tem sua função, quando há transformação na sociedade, alguma instituição pode vir a desaparecer, visto que sua função não é mais necessária para o novo *status quo*. Por outro lado, a permanência de instituições disfuncionais, isto é, que se desviam de suas funções originais, compromete a saúde social, podendo, inclusive, contaminar outros órgãos.

Malinowski, junto a Lévi-Strauss, foi o primeiro a teorizar sobre a proibição do incesto como fator responsável pela passagem da natureza para a cultura. Em sua obra *Sexo e repressão na sociedade selvagem*, Malinowski atestou que foi justamente a repressão sexual, entendida como o ato de evitar a mãe, que resultou no aparecimento da cultura. Esse sentimento antigo representa a primeira ideia de pertencimento a uma organização social e da submissão a normas sociais. Para Lévi-Strauss, a proibição e, também, o horror ao incesto eram condições de toda a vida em sociedades (Rouland, 2008).

Rouland (2008) aponta que as sociedades tradicionais viam a mudança de forma distinta das sociedades complexas. O ideal das sociedades simples era o de reproduzir a sociedade tal como ela é, a partir do modelo original de sua fundação, legitimado e transmitido pelos ancestrais, daí a importância do costume. As leis desses povos encontravam-se sob a forma de mitos. Raramente havia mudanças, mas, caso houvesse, novos mitos eram adaptados, obedecendo sempre ao modelo dos já existentes. Por isso, o sagrado não teve um papel fundamental na gênese do direito. Direito e costume não se diferenciavam (Rouland, 2008).

Conforme Rouland (2008, p. 83) bem atestou, o direito do Ocidente em tempos remotos derivava do poder de alguma entidade superior dotada de onipotência. A obediência às leis se dava na crença do olhar de Deus, que vigiava a todos. A paulatina diminuição da dependência de Deus (sociedades tradicionais) provocou a crescente dependência do direito ao Estado (sociedades complexas). A antropologia jurídica é unânime quanto à origem sagrada do direito consuetudinário, isto é, do direito dos costumes. A ideia de revelação é essencial na compreensão da trama que constrói a percepção jurídica. O temor ao sagrado pelo não cumprimento das regras garantia, em certa medida, a coesão social (Rouland, 2008).

— 3.7 —
Sistemas de direito ocidentais

Entre grandes sistemas jurídicos de toda a história humana, destacaremos dois deles com o intuito de contribuir para o entendimento da tradição oriunda dos sistemas ocidentais. Por meio do estudo comparado de tais sistemas, identificaremos pontos específicos de cada um deles, observando seus avanços e recuos, seus ganhos e perdas.

— 3.7.1 —
Civil Law e *Common Law*

As sociedades antigas, a partir da chamada *era do sedentarismo* (neolítico), com o avanço da agricultura e das cidades, tinham suas organizações jurídicas e políticas normalmente regidas por um rei. Tais sociedades, como já dissemos, concentravam no "sobrenatural" o comando da moral. A fonte legislativa era a interpretação da emanação divina (Kelly, 2010).

A Grécia, embora não se tenha ocupado de formar sequer uma escola de direito (como era comum aos romanos), não passou ao largo da ideia de justiça. Essa fonte era mitológica, representadas pelas duas deusas da justiça: Themis e Diké (Kelly, 2010).

A deusa Themis era encarregada de aplicar o direito advindo da vontade dos deuses – era um direito natural (jusnaturalismo), que se encontrava acima do direito escrito. O direito natural era o parâmetro da justiça perfeita, localizado na esfera das ideias perfeitas, devendo, assim, idealmente, nortear o legislador na elaboração do ordenamento jurídico de seu Estado. De acordo com esse direito, os princípios não eram criados pelo homem, mas dados pela própria natureza (Kelly, 2010, p. 8-10).

Já a deusa Diké aplicava o direito voltado para os assuntos dos homens – a lei escrita (juspositivismo) –, restrito aos limites do Estado e à ordem social. Para se firmar como direito instituído socialmente, rejeitava a existência de um direito natural, admitindo apenas a ordem jurídica escrita e comandada pelo Estado, embora inspirada no direito natural (Kelly, 2010, p. 8-10).

As deusas, hodiernamente, atuavam de modo combinado, visto que a ordem natural e a ordem social devem andar de forma tão harmoniosa quanto "deveriam" ser o direito positivo e o direito natural.

Diké desceu à terra para fazer a justiça concreta, já que Themis era uma "lei" do céu. Diké era a sentença do juiz. Hesíodo (século VIII AC) reclamava dos "julgamentos tortos", justamente porque não havia conceituação do que fosse lei (*nomos*). Assim, *nomos* passou a fazer oposição ao costume. Tanto é que o sentido que se emprega para *lei* atualmente teve seu embrião no período dos legisladores gregos (Drácon, século VII, e Sólon, século VI) (Kelly, 2010, p. 9). A lei terrena passava agora pelos filósofos e professores de retórica, pois a *polis*, e não os deuses, vinculava o homem ao seu dever político de legislar (Kelly, 2010).

Os romanos reuniam grandes escolas e profissionais de direito e formularam significativos princípios e sistemas de direito. Na Idade Média, esse sistema jurídico já estava bastante consolidado, e sua força inegável resultou no *Corpus Iuris Civilis*, idealizado pelo imperador bizantino Justiniano, base para uma das grandes divisões dos sistemas jurídicos mundiais, o chamado *Civil Law*, herança da cadeia histórica romano-germânica. Esse sistema penetrou na Europa, especialmente a latina, chegando até nós, na América Latina, quando das grandes descobertas do Novo Mundo (Kelly, 2010).

O mundo britânico foi matriz de outro grande sistema jurídico mundial: o chamado *Common Law*. A Inglaterra tem uma formação que se distanciou mais cedo do sistema feudal, quando, então, tornou-se Estado-nação. No feudalismo, pelo seu caráter fragmentário agrário, não era possível um Estado-nação porque não havia um direito unificado, mas uma pluralidade de direitos. A necessidade dos ingleses de criar um direito unificado para si surgiu já no século XIII.

Ao passo que o *Civil Law* era oriundo de intérpretes, jurisconsultos, glosadores, o julgador estava vinculado à lei e sua aplicação era dedutiva (parte-se da lei para o caso concreto), no *Common Law* o julgador estava vinculado aos precedentes, aos costumes, em que o juiz era praticamente um ativista, um "fabricante" de lei, ou seja, ele podia alterar outros julgamentos. O *Common Law* baseava-se nos julgados fundamentados nas regras dos costumes. Trata-se de julgamento indutivo, no qual o juiz pode fazer um precedente.

Já no *Civil Law*, o juiz é meramente um aplicador daquilo que o legislador positivou (trouxe à baila como lei). Cada decisão nesse sistema é não vinculante aos costumes. Entretanto, a codificação no sistema *Civil Law* apresentou um aumento substancial quando caíram os reis absolutistas, ou seja, com o advento do Estado Moderno. No século XIX, ocorreu o fortalecimento das concepções positivistas, que redundaram em codificações históricas, como os códigos de Napoleão: Código Penal, Código de Processo Penal, Código de Processo Civil e Código do Comércio.

Assim, o *Civil Law*, conhecido também como direito romano germânico, e o *Common Law*, considerado um direito mais primitivo, baseado no precedente, ou seja, é o costume que vai balizar, a partir de uma decisão tomada em um conflito no passado, as decisões sobre futuros conflitos, são os dois grandes sistemas jurídicos do Ocidente.

O *Civil Law* é a lei posta, ou seja, as normas escritas. Originário do Império Romano pelas mãos de Justiniano, a principal fonte para esse direito positivo é a lei, os códigos. As leis vêm de um poder, de um parlamento, logo, no *Civil Law*, a lei é um ato político – lei e política se misturam. Diferentemente, o *Common Law* tem nos precedentes os mediadores que vão dizer a forma pela qual se resolve um conflito. Os precedentes nada mais são do que os costumes que foram se cristalizando ao longo do tempo.

Na origem do *Civil Law* está a necessidade de se unificar o direito em um mesmo *corpus* de leis por todo o Império Romano, evitando, assim, que as decisões dos tribunais ficassem à mercê dos poderes locais. Por ser um ato político, dado que as leis vêm pelas mãos dos legisladores, o mais importante para o *Civil Law* é o princípio da legalidade. É à lei que os juristas recorrem para resolver os litígios. Já no *Common Law*, os juristas recorrem aos precedentes a fim de encontrar o direito mais adequado ao caso dado.

— 3.7.2 —
Mito, linguagem e direito

Na história do direito, vimos o quão forte é a presença do mito. Mesmo com o advento da escrita e, mais tarde, com posições mais objetivas, porções do mito ainda estavam presentes. Como vimos, a linguagem é a base da cultura - possivelmente não haveria civilização se não fosse o uso da linguagem -, e é por meio dela que a ideia de *direito* foi construída, consolidada e naturalizada. Nós nos fazemos traduzir por meio da linguagem. Um dos mais poderosos instrumentos de mudança é a linguagem, e só provocam mudanças os que dela se utilizam com habilidade. Eis aí o surgimento do líder, do legislador, do rei, do imperador e do cidadão. Todos esses lugares políticos são criados pela linguagem. Sem ela, eles não existem. O mundo não existe. Os deuses não existem. Nós só enxergamos o mundo que a linguagem nos entrega.

Aristóteles, em sua obra A *política*, declarou que apenas o homem é "um animal político", significando que ele é social e cívico porque apenas ele detém o atributo da linguagem.

Os animais têm voz e com ela expressam dor e prazer, mas o homem conta com a palavra (logos) e, com ela, expressa o que é bom e o que é mau, o que é justo e o que é injusto. Comunicar e ter em comum esses valores é o que possibilita a vida social e política. Igualmente, Rousseau, em sua obra *Ensaio sobre a origem das línguas*, considera que a linguagem nasceu de uma intensa necessidade de comunicar ao outro seus sentimentos e pensamentos (Chauí, 1995, p. 136-137).

No diálogo Fedro, Platão se referiu à linguagem como um *pharmacon*, isto é, uma poção com qual podemos fazer remédio, veneno e cosmético. Como remédio, a linguagem pode ser um medicamento para curar a ignorância e aprender com o outro. A linguagem, porém, também pode ser um veneno quando, pela sedução das palavras, nos faz aceitar, encantados, o que nos dizem, sem que questionemos se tais palavras refletem a verdade. Por fim, a linguagem pode ser um cosmético, buscando mascarar, dissimular ou ocultar a verdade sob as palavras. Na Bíblia judaico-cristã, a linguagem aparece como confusão no mito da Torre de Babel. Deus não se agradara do intento com que os homens construíam a obra e, para impedi-los, fez com que perdessem a língua comum e não pudessem mais se entender. A pluralidade das línguas acabou com a ousadia de imaginar que teriam poder de chegar ao lugar da divindade (Chauí, 1995, p. 137).

O mito tem poder de organizar e interpretar a realidade. A palavra é a gênese de tudo, o mito é o criador. No momento em que o Deus judaico/cristão criou o mundo, a linguagem estava presente: "E Deus disse: faça-se!", e foi feito (Chauí, 1995, p. 138).

Quando nessa mesma Bíblia nos deparamos com o trecho que diz: "no princípio era o logos (verbo, palavra), e o logos andava com Deus, o logos era Deus" (Chauí, 1995, p. 138), entendemos a interpretação que o livro, sagrado para os judeus e os cristãos, transmite: o Deus criador é a própria palavra criadora.

A cultura também tem as palavras que devem e as que não devem ser pronunciadas, sob risco, respectivamente, de atrair coisas boas ou coisas ruins. Na origem do direito está a palavra solene, com efeito mágico-religioso. Antes de ser um código, com leis escritas referentes à propriedade, à política, aos deveres sociais e civis, era "um ato solene, no qual o juiz pronunciava uma fórmula pela qual duas partes em conflito faziam a paz" (Chauí, 1995, p. 138). A palavra dada em juramento indicava a palavra empenhada, palavra de honra. Até hoje se ouve nos tribunais: "jura dizer a verdade, somente a verdade, nada além da verdade". A partir da palavra dada, *juro*, e não cumprida, tem-se o crime de perjúrio – mentir sob juramento é considerado crime (Chauí, 1995). O poder das palavras decorre do fato de que elas são feitas de significação, de símbolos que determinam a vida social.

A linguagem é uma criação humana, uma construção sociocultural, ao mesmo tempo em que nos constrói como humanos sociais e culturais. Saber que somos construídos pela linguagem – somos o que ela nos diz o que somos – é uma experiência extraordinária, inseparável da imaginação. Ela pode, como disse Platão, servir de instrumento tanto aos preconceitos e às ideologias quanto à liberdade e ao conhecimento.

Capítulo 4

O direito nas sociedades complexas e plurais

Munida de rica trajetória, a antropologia jurídica apresenta seu atual grande campo em razão do estudo do direito nas sociedades complexas, isto é, sociedades caracterizadas pela divisão de classe, industrialização e presença de um Estado. Nesse sentido, inúmeras questões emergem formando novos estudos do direito em detrimento do direito oficial. Assim, assuntos como gênero, minorias, imigrantes, categorias sociais vulneráveis, como mulheres, pessoas com deficiência, idosos, crianças, LGBTs etc., formam a dinâmica da construção das identidades. É gradual e constante a atenção que se tem dado a outras concepções de direito fora do contexto ocidental e que não mais se aceita que permaneçam negligenciadas. Hoje, há muito destaque aos sistemas legais chinês, islâmico e o anglo-indiano, com o propósito de apurar as consequências para o direito com base nas mudanças culturais.

Pesquisas contemporâneas acerca de grupos sociais subalternos que se elevam à condição de sujeitos de direito apontam para a relevância da antropologia jurídica quanto ao já citado *terceiro humanismo* de Lévi-Strauss e suas inovações no que diz respeito às redefinições dos direitos humanos e à ampliação da cidadania. O olhar humanista no campo do direito constitui enfrentamento aos graves atentados à democracia, problemas até então desconsiderados em virtude da cultura de violência e de sua consequente naturalização.

Essas análises vieram da necessidade de abordagens investigativas que conferissem ao pesquisador a possibilidade de alteridade em relação ao grupo estudado, ou seja, uma postura metodológica que o colocasse em imersão do outro lado e, inclusive, em si próprio, preservando, contudo, o discernimento analítico. Essa forma inovadora de procedimento etnológico pode ser aplicada ao estudo de todas as outras sociedades, inclusive da nossa (Lévi-Strauss, 1993b). Esse novo olhar é fruto da luta pela superação da ânsia de comparar as sociedades simples, objetos de seus estudos, pela régua etnocêntrica europeia, que mal conseguia esconder a tendência, mesmo que inconsciente, em separar o outro em categorias não tão humanizantes, como sociedades que chegariam em série progressiva ao padrão de complexidade das sociedades avançadas. Sabemos que o progresso ocorre, mas de modo descontínuo e, não obstante, suscetível a recuos. O relativismo aponta abertamente a inexistência de padrões determinantes que se propõem a mensurar a marcha do progresso, assim como o humanismo atual também condenaria qualquer juízo de valor que considerasse quaisquer referências culturais como base. Essa nova antropologia tem como ponto de partida as opiniões dos grupos estudados, analisadas dentro dos parâmetros do próprio grupo em estudo.

O reconhecimento de uma humanidade plural inserida no conceito de unidade nasceu das transformações econômicas, políticas e sociais e de seu desenvolvimento em direção ao novo objeto, o estudo da integralidade humana em todas as suas singularidades e diversidades. Há, portanto, na base desse novo humanismo, a inspiração nascida da observação das sociedades mais simples (outrora desdenhadas), ao mesmo tempo em que preconiza, quanto ao humanismo democrático, que nada que seja humano pode ser estranho ao humano. É uma antropologia que mobiliza métodos e técnicas para submetê-los ao conhecimento do homem, em um humanismo generalizado (Lévi-Strauss, 1993b).

— 4.1 —
Pluralismo jurídico

Quando a antropologia e o direito se unem no estudo da desigualdade social, é sinal inequívoco de um avanço sobre velhas concepções jurídicas etnocêntricas. Isso significa que uma demanda de pautas sociais chegou à esfera jurídica. Entra em cena, então, o pluralismo jurídico, uma teoria que outra coisa não é senão a "negação de que o Estado seja o centro único do poder político e a fonte exclusiva de toda produção do Direito" (Wolkmer, 2001, p. XV), ou seja, entende que outras ordens normativas podem formar-se em contraposição ao direito estatal.

O pluralismo jurídico não é um fenômeno recente: ao longo da história, houve pluralidades normativas, como no caso das tribos germânicas, que se contrapunham à centralidade das leis romanas já quase no final do Império Romano. Até o século XVIII, a burguesia pregou a liberdade individual em nome de um direito natural e fora da interferência estatal, mas, após as Revoluções decorrentes da tomada do Estado, passou a demandar um direito positivo, unicamente estatal, por meio do qual o capitalismo seria imposto. Esse foi o momento das vitórias burguesas sobre o Estado absolutista e da criação do novo Estado burguês, onde as ideias liberais só vingaram no interior de um sistema jurídico positivista (Wolkmer, 2001, p. 189).

Com o avanço das lutas por direitos políticos e sociais, o positivismo burguês voltou a ser questionado. Estudos da antropologia na área do pluralismo jurídico foram surgindo e contribuindo para aperfeiçoar o diálogo entre sociedade e direito e flexibilizar a dogmática do positivismo jurídico. Para Wolkmer (2001, p. 222), o pluralismo jurídico atual é a reivindicação de movimentos sociais por normas autônomas, "legais plurais que sejam reconhecidas, incorporadas e controladas pelo Estado", um projeto jurídico humano que visa superar as políticas burguesas que resultaram em exclusão, discriminação e desagregação.

A inserção de novos sujeitos sociais no campo político se deve à incapacidade do Estado em atender às reivindicações dos mais diversos grupos sociais periféricos e serve para mostrar que os espaços jurídicos oficiais não estão ocupados por sujeitos oriundos das classes populares, contribuindo, assim, para que direitos fundamentais sejam sempre negligenciados.

Os novos sujeitos e sua agenda de reivindicações apontam as falhas de um Estado que se pretende democrático de direito, mas que bloqueia o acesso à justiça. As antigas promessas de liberdade e igualdade da modernidade vivem a crise marcada pelo não cumprimento desses valores para uma grande parcela da população e o cumprimento em excesso para uma ínfima parte. O progresso econômico e científico não trouxe equilíbrio social, ao contrário, concentrou a riqueza, aumentou a pobreza e, como consequência de tudo isso, veio a degradação do meio ambiente e as armas de destruição em massa. Os movimentos sociais são antíteses da opressão social, cultural e econômica produzida no seio da sociabilidade capitalista (Wolkmer, 2012).

O enfrentamento dessas questões, segundo o sociólogo português Boaventura de Sousa Santos (1988), apenas será possível por intermédio da criação de novos mecanismos analíticos, políticos e culturais que possam contribuir para uma emancipação do monismo positivista. Santos é autor de uma tese que foi pioneira na sociologia do direito e na antropologia jurídica no sentido de um trabalho científico de produção jurídica não estatal.

Esse tipo de produção acadêmica sobre comunidades indígenas, quilombolas, campesinas e minorias sociais urbanas pelas faculdades de direito, principalmente as latino-americanas, mostra uma tendência de cunho nitidamente emancipador e que preconiza uma espécie de resgate cultural primitivo, rechaçando quaisquer influências que não sejam as da própria experiência local, ou seja, as populações abdicadas de direitos participam da construção das novas políticas públicas (Palma, 2019).

Essa nova antropologia jurídica, agora redirecionada teoricamente pelo conceito de pluralismo jurídico, é percebida em vários pensadores latino-americanos que vêm desenvolvendo um gradual interesse pelo conhecimento do direito consuetudinário indígena e pela sua retomada. Bolívia, Chile e Argentina têm dado bastante importância ao ensino da antropologia jurídica na América Latina, com cátedras autônomas nas faculdades de direito. Um exemplo dessa renovação da disciplina na Argentina é o estudo "La cultura jurídica guarani" (2005), na Província de Missiones, pelo pesquisador Manuel A. J. Moreira. De igual modo se interessam pela antropologia jurídica latino-americana o México – aliás, um dos países pioneiros na divulgação de pesquisas nesse campo – e a Colômbia, com destaque para a pesquisa de campo sobre o direito dos Wayúu e um estudo que já se tornou clássico, "La jurisdición especial indígena" (2010), sobre a autonomia facultada às minorias na Colômbia após a Constituição de 1991. Peru e Venezuela igualmente têm desempenhado importante papel em relação ao direito dos povos andinos (Palma, 2019, p. 26-29).

Seguramente, já podemos afirmar a existência de uma Escola latino-americana de antropologia jurídica comprometida com a proteção e o incentivo do direito consuetudinário não só dos povos autóctones, mas também das comunidades rurais, como camponeses e afrodescendentes. A investigação do fenômeno jurídico, nessas pesquisas, tem buscado valorizar o modelo que existia nas sociedades simples, ou seja, os que vivem ou viveram com a ausência de escrita – povos ágrafos –, chegando até às sociedades complexas, como é o caso destacado por Santos (1988) em sua obra *O discurso e o poder: ensaio sobre a sociologia da retórica jurídica*, fruto de uma pesquisa empírica realizada em uma favela do Rio de Janeiro.

O pluralismo jurídico atual busca operar na perspectiva antropológica dos direitos humanos. Santos (1988) propõe um pluralismo jurídico de atuação ampla. A comunidade pobre no morro carioca onde o autor fez sua pesquisa começou a administrar seus conflitos com base em uma lógica interna, fora da legalidade estatal, criada pelos próprios moradores associados, originando daí a Associação dos Moradores. A forma que os moradores encontraram para resolver seus litígios é uma crítica direta à visão monista, que estabelece que o direito só deve existir na forma de direito positivo emanado do Estado. De uso da teoria pluralista, expressaram o direito de forma emancipada da estrutura estatal, no seio da própria comunidade.

Santos (1988) não atribui ilegalidade à ação dos moradores, mas uma legalidade paralela ao ordenamento jurídico estatal. Na favela estudada pelo autor, chamada por ele de *Pasárgada*, os próprios moradores estão em luta para regularizar a ocupação ilegal em que se encontram. Assim, a Associação dos Moradores transformou-se em um fórum jurídico alternativo à administração estatal, e esse modelo marginal possibilitou o desenvolvimento de uma retórica jurídica, oral e informal, na presença de juízes leigos, escolhidos *a priori*. Tribunais sociais comunitários representam, assim, um exercício popular de participação política e um avanço no sentido do direito capitalista de propriedade. No âmbito da justiça estatal, serviu de modelo para a criação dos denominados *tribunais de pequenas causas* e quanto à adoção das chamadas *penas e medidas alternativas* (Assis; Kümpel, 2011, p. 50-51).

Práticas alternativas de administração da justiça revelaram-se mais acessíveis, efetivas e rápidas. Ao se valer da mediação para se chegar à reconciliação das partes, pratica-se um direito mais flexível, em um baixo grau de institucionalização, sem a demanda de regras formais hierarquicamente organizadas e, portanto, muito parecido com o direito praticado nas sociedades simples. Nas sociedades complexas, dado o alto grau de institucionalização, o direito foi abandonando a retórica e preservando a burocracia, a violência e a formalidade em um elevado nível de institucionalização, ao passo que o direito da favela emergiu no domínio da retórica, da flexibilização, da informalidade e da produção de persuasão para se chegar à decisão pacífica, a conciliação entre as partes (Assis; Kümpel, 2011).

O caminho aberto por Santos (1988) coloca o pluralismo jurídico em uma nova concepção, um novo direito a ser oficializado, um direito revolucionário decorrente dos processos de revolução social, em choque com o direito estatal. O autor reelaborou, assim, o conceito do próprio direito. O pluralismo jurídico é, em essência, questionador das premissas dogmáticas do cânon jurídico burguês. Para além da burocracia formal, que tornou o direito frio e distante das camadas populares, o pluralismo jurídico se constitui, doravante, parte integrante do campo social, cobrindo uma teia de relação interativa entre diversas ordens normativas (Santos, 1988).

Conectar o direito com a população é propor mudanças que vão além do campo liberal capitalista, pois se trata de uma institucionalidade de cultura fortemente democrática. Como teoria crítica do direito, o pluralismo jurídico questiona o paradigma de que todo o Estado é de direito e todo o direito é do Estado. O novíssimo pluralíssimo jurídico constitui, assim, o direito que visa desconectar parcialmente o direito do Estado e reconectá-lo com a vida e a cultura dos povos (Santos, 2011).

— 4.2 — Antropologia jurídica no Brasil

Uma antropologia jurídica no Brasil não seria possível sem antes ter sido aprofundado o olhar sobre a cultura dos povos originários dessas terras e a forma como foram tratados. Tivemos aqui, nos primórdios do descobrimento, o emprego da ideologia da recusa do estranho, fruto do olhar estritamente parcial do europeu e em total desconsideração à alteridade, primeiramente, não reconhecendo qualquer direito ao autóctone. Pelo contrário, foi adotada uma legislação com vistas não só a escravizar os nativos, mas também a marcar e reforçar as diferenças entre eles, os europeus, e os outros, os selvagens, os primitivos. "A antropologia jurídica no Brasil nasce como disciplina na Faculdade de Direito da Universidade de São Paulo, em 1977" (Palma, 2019, p. 22).

A antropologia brasileira, a partir dos anos 1960, consolidou-se academicamente, começando com Darcy Ribeiro e suas obras *O índio e as civilizações* (1970) e *Teoria do Brasil* (1972), até último livro, O *povo brasileiro: a formação e o sentido do Brasil*, no qual explica as matrizes nacionais, ou seja, os povos implicados no surgimento do Brasil. Nessa época, surgiram as preocupações com temas sociais que não os exclusivamente indígenas, questões relativas ao campo e à reforma agrária, à marginalização e à vida nas favelas, às questões gênero, de raça e de diversidade sexual.

A antropologia jurídica nasceu, assim, do pensar o direito, mas para além das percepções dogmáticas e positivistas da lei, indo a fundo na cultura a fim de descobrir de que forma um ordenamento jurídico é percebido e operado na sociedade. A antropologia jurídica no Brasil atua na defesa dos direitos dos povos indígenas e de outras minorias sociais, como veremos adiante.

— 4.2.1 —
Pluralismo jurídico e direito indígena

O Brasil é resultado da conquista de territórios pelos colonizadores europeus. Esse processo começou, como sabemos, pelo uso da violência física e cultural decorrente da implantação do modelo civilizatório europeu, que consistia, fundamentalmente, na imposição da ordem jurídica do colonizador. Os originários da terra, à mercê dos vencedores, optavam, por medo ou por acreditarem que não poderiam reverter a situação, obedecer aos conquistadores. A partir disso, uma estrutura de dominação política, cultural e jurídica se constituiu.

Mesmo que algumas potências europeias, de modo estratégico, tenham buscado, sempre que possível, uma não intervenção direta, o que se configurou, de fato, foi a subordinação ao ordenamento jurídico dos conquistadores. A diversidade das identidades culturais nativas nunca foi considerada um direito a ser preservado.

Mesmo nas reduções jesuíticas, na resolução de conflitos a cultura indígena jamais foi respeitada, pelo contrário, subjugaram os nativos aos princípios religiosos e morais do cristianismo. Essa era a mentalidade da época, e as normas jurídicas no Brasil Colônia apenas refletiam o poder português, ancorado nas Ordenações advindas de Portugal.

Para Carvalho (2018), a histórica concentração de terras no Brasil ocorreu por obra de lei, que conferia amplos poderes aos donos de latifúndio, onde a vontade dos senhores era soberana. A escravidão indígena e, depois, a negra foram imposições dos interesses agrários concedidos por lei e peça fundamental na estrutura econômica. Os quadros do Judiciário originavam-se das oligarquias agrárias. A resistência às leis escravocratas teve seu ápice na formação dos quilombos. Conflitos agrários, dada a concentração fundiária, refletiam uma estrutura institucional desconectada dos interesses da população. O Estado, ao garantir o poder desses grupos sociais, criou uma cultura jurídica de exclusão social. A Constituição de 1824, primeira do Brasil, embora de cunho liberal, visto ser inspirada nos ideais da Revolução Francesa, mantinha privilégios como o de aceitar que os donos do poder político interpretassem a lei de modo particularista, na defesa dos interesses econômicos; no entanto, estava ausente uma interpretação social no sentido de melhorar as condições de vida do povo (Carvalho, 2018, p. 28-31).

A mistura da esfera pública com a esfera privada sempre foi a cultura política no Brasil. O Estado brasileiro sempre foi um segmento do ambiente familiar, instrumento para ganhos de benefícios e privilégios exclusivamente privados. Na evolução dos ordenamentos jurídicos, o papel do Estado foi tentando romper com a tradição patrimonialista e satisfazer as múltiplas demandas sociais no horizonte democrático. Entretanto, como bem assinalou Sérgio Buarque de Holanda (1988, p. 119): "A democracia no Brasil foi sempre um lamentável mal-entendido. Uma aristocracia rural e semifeudal importou-a e tratou de acomodá-la onde fosse possível, aos seus direitos e privilégios".

Os movimentos sociais sempre existiram na história, mas foi na sociedade capitalista que eles ganharam essa nomenclatura. Trata-se de grupos que estão à margem da sociedade capitalista ou não se ajustam a ela. O corte histórico, portanto, é o capitalismo. Movimentos indígenas, de trabalhadores, de mulheres e de negros se articulam em associações para proclamar que o progresso da técnica e da ciência não trouxe benefícios sociais amplos. Vê-se, por um lado, as desigualdades sociais atingindo os povos de todo o planeta e, de outro, a fabulosa concentração de riqueza e poder.

O direito indígena, por exemplo, resiste, independentemente de ser aceito ou não pelo Estado. A luta contra o etnocentrismo jurídico e por autonomia jurídica e cultural é um *continuum* ininterrupto. Os interesses econômicos dos conquistadores colonizadores estiveram sempre ligados ao processo de expansão do capitalismo comercial, com vistas a transformar o índio em mão de obra escrava e anular suas identidades culturais. A violência era legalizada pelo Estatal português. Mesmo diante da resistência indígena, o estupro das mulheres indígenas era sistemático e continuou gestando uma sociedade mestiça e bilíngue (Ribeiro, 1996).

Coexistiram, de um lado, o ordenamento oficial e, de outro, um direito informal. Por exemplo, a lei dos coronéis e dos grandes proprietários de terra *versus* o direito comunitário autóctone não reconhecido (Wolkmer, 1992). As demarcações das terras e a proteção das culturas autóctones sempre foi um processo longo e doloroso, longe de se chegar a um final. Os acordos firmados com os povos indígenas condicionaram sempre e só os próprios indígenas.

As poucas terras efetivamente demarcadas e homologadas mostram o descaso e a insuficiência estatal em face do direito indígena, com os ditames econômicos se sobrepondo ao político e ao jurídico.

Os atos normativos centralizados na Coroa portuguesa e depois na República vinham constantemente silenciando a ordem jurídica dos povos autóctones: o poder do direito escrito *versus* direito consuetudinário. O antropólogo Darcy Ribeiro (2010, p. 87) conceitua a hegemonia eurocêntrica do invasor como o ato de reduzir quaisquer outras manifestações culturais a primitivas, selvagens, simples: "a nossa herança hedionda, foi desde sempre e ainda é o racismo como arma principal do arsenal ideológico europeu de dominação colonial".

A imposição de apenas um direito, uma cultura, um idioma e uma religião é atributo de um Estado excludente, que não representa a pluralidade existente. A não demarcação das terras indígenas favorece a execução de obras pelo próprio Estado, em clara desobediência à Constituição. Assim, as poucas terras efetivamente demarcadas e homologadas viram pretexto para a violência. A demarcação é fundamental para a manutenção de suas culturas.

> Eu entendo que o Brasil tem a ambição de se tornar um país desenvolvido, o que ele já é em grande parte, mas existe uma contradição entre essa ambição e o respeito integral às culturas indígenas. É preciso dar a esses povos a oportunidades de fazerem, eles mesmos, suas escolhas. Isso representará uma força para o Brasil! As civilizações indígenas são uma chance para o Brasil conservar essa diversidade interior que é uma fonte de enriquecimento. (Lévi-Strauss, citado por Lago, 2010)

Raras são as decisões judiciais que reconhecem a jurisdição indígena. O art. 57 do Estatuto do Índio segue praticamente ignorado. Uma cultura jurídica pluralista que respeitasse o direito ordinário e os outros direitos como componentes do mesmo sistema jurídico bastaria para barrar a cultura de discriminação e violência aos indígenas. No âmbito do pluralismo jurídico vieram políticas públicas como as que fixam percentuais para negros e indígenas no que se refere ao preenchimento de cargos nos Poderes Públicos.

— 4.2.2 — Pluralismo jurídico e cotas raciais

A antropologia jurídica se interessa pela questão racial que tanto explica a realidade brasileira. Longe da ideia de que é uma democracia racial (Freyre, 1973), o Brasil não é um paraíso racial, pelo contrário, existe muito racismo e discriminação (Maio; Santos, 2005). A Constituição de 1988 assegura a igualdade de todos perante a lei, independentemente de cor, raça, sexo, religião, proibindo qualquer ato discriminatório com fins ilegítimos. A realidade da população negra, porém, mostra que esse direito existe apernas em seu caráter formal, estando ausentes as condições para a presença fática de igualdade. As cotas raciais são o resultado das lutas sociais para materializar esse direito e, para defendê-las, faz-se necessário o uso da teoria do pluralismo jurídico.

A Lei de Cotas faz parte das ações afirmativas que visam erradicar a histórica discriminação da população negra, que a colocou nas margens mais extremas da desigualdade econômica – a matriz para todas as outras desigualdades sociais. Assim, cotas raciais são medidas que têm como objetivo compensar os danos causados pela segregação e ampliar a consciência dos cidadãos quanto à inserção dos indivíduos negros na esfera pública. Podemos, de antemão, afirmar que tais ações, embora se baseiem no critério de raça, usam-no não para afirmar a existências de raças, mas para atestar que existe racismo na sociedade brasileira e que a questão da pele negra vai além dos critérios econômicos usados para outras categorias sociais. O ser negro não é uma questão biológica, mas uma questão sociológica, visto que há hierarquias sociais que colocam os negros no último lugar. São os indivíduos que vão declarar-se como se percebem, se negros ou não, tendo como parâmetro as chances de mobilidade social, se são inferiores às conferidas àqueles que se autodenominam *brancos*.

Não se trata, portanto, de uma questão genética, mas de questões relacionadas à injustiça social, que sempre ocorreu e que não foi superada até hoje. O problema racial é grave, basta olharmos a população carcerária e a repressão policial. É precisamente nesse ponto que se percebe que o conceito de raça não passa pela biologia, mas é construído socialmente. A um povo em que tudo lhe foi retirado, tudo lhe foi negado, simplesmente não é possível que as cotas sejam vistas como privilégios. Não são privilégios. São reparações daquilo que foi usurpado desse segmento excluído.

O sistema de cotas consiste em reserva de vagas em instituição pública ou privada para certos grupos étnicos vulneráveis. Incluem-se aqui, também, os indígenas. A Lei n. 12.711/2012 garante vagas na universidade pública, e a Lei n. 12.990/2014 garante vaga em concursos públicos. Tendo em vista que a Constituição nos iguala, logo, ninguém poderia ser excluído apenas porque tem pele negra. No entanto, ações de cunho racistas se repetem diariamente por esse país, mostrando que a igualdade formal é uma coisa e a igualdade material é outra, totalmente ausente. A realidade brasileira revela tanto o racismo escancarado quanto o velado, manifestado em discursos de que aqui desde sempre foi aceita a miscigenação entre as raças e que essa relação inter-racial seria a prova de que não há racismo.

Diz-se *racismo estrutural* quando uma sociedade normalizou ou naturalizou o racismo, constituindo relações desiguais dentro de um padrão de normalidade, tanto nas ações conscientes quanto nas ações inconscientes. Aqui, trata-se de autores e vítimas inconscientes, tal é o grau cultural em que o racismo está arraigado, a ponto de não se enxergar concretamente a violência. Por isso, luta-se para que a igualdade de direito se transforme na igualdade de fato, eis aqui a igualdade fática ou material. Luta-se por construir um novo padrão de cultura política e social de fato emancipatória, incluindo aí o acesso à educação, primeiramente, e de políticas públicas de reconhecimento da cultura negra.

O sistema de cotas costuma gerar polêmica, no sentido de que seria injusto obrigar brancos, no presente, a pagar pelos brancos que, no passado, escravizaram. Contudo, não se trata disso, mas sim do fato de que toda a sociedade usufruiu de variadas formas, em um passado de 358 anos, em que praticamente toda a economia era gestada pela mão de obra escrava, a qual, após a abolição, foi rejeitada, exceto para as mais precárias funções. A violenta exclusão social imposta aos negros teria, por meio das cotas, seu antídoto.

Os referenciais teóricos dados pelo pluralismo jurídico permitem estudar os movimentos negros na forma como organizam e problematizam suas questões quanto à reivindicação de seus direitos de participação na esfera pública, aliando autonomia pública e autonomia privada - condição imprescindível para se constituírem sujeitos de direito plenos para o exercício político.

Ao posicionar-se contra o monismo estatal, outra coisa não quer o pluralismo jurídico a não ser mostrar a ineficiência da legislação estatal positivada em resolver tais conflitos. Segundo Wolkmer (2001), o Estado não é a única nem a principal fonte jurídica do ordenamento. O ponto central destacado pelo autor é a questão levantada pelo pluralismo sobre a condição e a legitimidade do Estado em legislar para coletividades e grupos tão plurais, garantindo-lhes direitos materialmente, e não apenas formalmente. Para que isso seja viável, é necessário que o Estado deixe de ser entendido como espaço único de deliberação política.

> O primeiro momento será reconhecer a desigualdade dos desiguais, e a partir daí possibilitar o reconhecimento pleno já não do desigual senão do distinto portador da justiça enquanto outro. Ora, o espaço do pluralismo jurídico é onde nasce a juridicidade alternativa. O Estado não é o lugar único do poder político, tampouco a fonte exclusiva da produção do Direito. O pluralismo jurídico expressa um choque de normatividades, cabendo aos pobres, como novos sujeitos históricos, lutar para fazer prevalecer seu Direito. (Wolkmer, 2001, p. 203)

Possíveis argumentos de inconstitucionalidade da Lei de Cotas não se sustentam quando contrapostos aos argumentos teóricos sobre o entendimento da ordem normativa com base no pluralismo jurídico, por ser um entendimento que institui uma interpretação diferenciada da norma, capaz de assegurar os direitos de grupos identitários sem que haja alteração na legislação – processo que se revelaria difícil e demorado. A interpretação inclusiva, que confere ao texto constitucional nova significação, outra coisa não é senão a afirmação de que já há no texto legal direitos que protegem as minorias. O pluralismo jurídico não atenta, portanto, contra o direito estatal, na medida em que não visa à positivação de novos direitos, pois, como dissemos, isso exigiria uma mobilização muito mais complexa e demorada, o que afetaria ainda mais os grupos oprimidos.

Depreendemos daí que a busca por direitos dos vulneráveis passa, primeiramente, pela construção de identidade e a busca por autonomia. Romper com o *status quo* de submissão os tornou sujeitos de sua própria história. No caso da população negra, a inconformidade deu lugar à prática do repúdio. Espaços públicos foram ocupados, políticas engajadas foram construídas, e as denúncias de discriminação racial passaram a ser atividade constante. A neutralidade do Estado foi posta em xeque e levantou-se uma hermenêutica inclusiva da Constituição visando alcançar o princípio da igualdade formal, erradicando as desigualdades materiais que formam sociedades antidemocráticas e injustas. A inclusão atua, assim, para formar sujeitos conscientes e atuantes nas deliberações públicas.

> As compensações do Estado do bem-estar social criam a igualdade de chances, as quais permitem fazer uso simétrico das competências de ação asseguradas; por isso, a compensação das perdas em situações de vida concretamente desiguais, e de posições de poder, serve à realização da igualdade de direito. (Habermas, 1997, p. 155)

A igualdade jurídica afirma que todos são iguais perante a lei. A igualdade, aqui, é formal, ou seja, está na forma da lei, valendo, portanto, indistintamente, para todos, independentemente da condição social ou pessoal. No entanto, a igualdade formal, ou jurídica, revelou-se insuficiente para fazer com que o princípio da igualdade concretize de fato o ideal de justiça. A lei, ao ser aplicada a todos indistintamente, acabou por perpetuar desigualdades históricas existentes entre os indivíduos, pois não levava em conta as especificidades de cada um.

Surgiu daí o postulado da igualdade material, que consiste em reduzir as desigualdades existentes na sociedade, permitindo-se tratamento diferente para os que se encontram com algum tipo de necessidade especial em relação à média da sociedade. Como exemplos de aplicação da igualdade material, podemos citar, além das cotas raciais, a prioridade para idosos e gestantes em filas e transportes e a redução de Imposto de Renda para os mais pobres.

A diferença entre igualdade jurídica e igualdade fática reside no fato de que a primeira existe formalmente, de modo neutro, e a segunda concretiza a igualdade caso a caso, ou seja, torna-a material, fática, de acordo com necessidades específicas, ou, ainda, aplica leis desiguais para os desiguais. Aqui, a igualdade deixa de ser apenas um princípio constitucional e passa a ser um objetivo buscado e realizado pela sociedade, tornando-se (igualdade fática ou material) algo concreto, alcançado via Estado, onde, de fato, o indivíduo consegue equiparar-se a todos os outros.

— 4.3 —
Antropologia, direitos humanos e tolerância

A ideia de direitos humanos vem sendo cunhada, em tese, há três milênios. Contudo, a noção da forma como hoje a conhecemos começou a ser construída no bojo das revoluções liberal e burguesa iniciadas no século XVII e que continuaram em processo de amadurecimento até chegar a seu ápice com a Declaração Universal dos Direitos Humanos (DUDH) das Nações Unidas, após a Segunda Guerra Mundial. A antropologia cultural, no entanto, tece algumas críticas quanto à universalidade dos direitos humanos. Acusa-se esse universalismo de ignorar as particularidades culturais dos povos, de disseminar valores ligados ao eurocentrismo e de estar a serviço das potências capitalistas. Países signatários da Declaração são apontados em atos de xenofobia ao barrar desde a circulação de grupos estigmatizados, como ciganos e albaneses, até a entrada de imigrantes vindos, em sua maioria, de países subdesenvolvidos. Com essa crítica, não pretende a antropologia relativizar todos os direitos humanos, mas, ao contrário, estabelecer uma conciliação entre universalismo desses direitos e o relativismo antropológico, mostrando que a diversidade cultural pode ser preservada sem prejuízo dos direitos.

A discussão relacionada a um pluralismo cultural saudável ocupa espaços em todas as áreas do conhecimento humano e, portanto, um diálogo intercultural entre pluralismo e normas estatais e/ou internacionais, longe de constituir um entrave, deverá servir de ponte entre a visão internacionalista dos direitos humanos e o projeto relativista da antropologia. A pluralidade cultural torna-se, assim, um importante objeto da antropologia jurídica, na medida em que atua em favor do reconhecimento das identidades, da construção de um projeto cosmopolita de mediação entre as diferenças e de uma cultura de tolerância entre o povos. Nesse caso, o relativismo antropológico e o universalismo dos direitos humanos trabalham, também, para constituir critérios universais voltados à dignidade humana. Esse intercâmbio cultural enriquece as relações humanas, pois é na reciprocidade que se reconhece o valor humano do outro diferente. Minorias sociais ou culturais não têm a ver com quantidade, mas sim com a forma como essas minorias são tratadas.

Direitos humanos são os direitos que todos os humanos têm por serem humanos e que estão ainda em um plano ideal. A humanidade caminha para alcançá-los, cada vez galgando patamares mais próximos de efetivá-los por completo, ou seja, quando a sociedade for o ambiente em que todos possam realizar seu próprio potencial humano.

O direito à vida digna pressupõe o acesso à educação, à moradia, à alimentação e à saúde, condições fundamentais para que os humanos se autorrealizem. Isso não tem a ver com o acesso à riqueza, mas com a possibilidade de desenvolvimento do potencial individual, qualquer que seja a área – professor, executivo, médico, carpinteiro, engenheiro espacial etc. Em sociedades onde há desigualdade social, isso só é possível para alguns. A desigualdade fere a lógica de igualdade intrínseca aos direitos humanos. Quanto maior é a diversidade, maior é a necessidade do fortalecimento das instituições democráticas. Os direitos humanos fazem parte dos grandes temas que aproximam o campo antropológico dos estudos jurídicos. A antropologia fornece interpretações à dogmática própria do direito, colocando à disposição visões de justiça, democracia e dignidade, elementos absolutamente indispensáveis para uma diversidade saudável.

As questões humanas são diferentes da lei posta. Um trecho do evangelho de Mateus é bem significativo nesse sentido: "É preciso guardar os mandamentos da lei", responde Jesus ao jovem que queria saber como obter a salvação; ao que o jovem respondeu: "Tenho guardado a lei; que me falta ainda?"; e Jesus lhe responde: "vende tudo o que tens, distribui aos pobres e terás um tesouro no céu; depois vem e segue-me" (Mateus 19:16-30) (Comparato, 2006, p. 84).

Portanto, cumprir a lei não era o bastante. Era preciso também amar ao próximo como a si mesmo. Ao Jesus fundar sua pregação não na autoridade da lei, mas na justiça e no amor de Deus, os ouvintes ficavam bastante impressionados. De nada adiantava a obediência cega à lei quando, por trás desse legalismo, abandonava-se a justiça (Comparato, 2006, p. 84-85). Bem antes de Jesus, Aristóteles já afirmava que a finalidade da ética é a felicidade, e o direito tem o dever de estabelecer a justiça, que é dar a cada um o que é seu de acordo com sua necessidade ou habilidade. Assim, a *polis* justa buscaria o equilíbrio, o que quer dizer justiça para todos. Tudo o que é justo é justo para a sociedade, não para o indivíduo. A medida do justo é, necessariamente, social. A justiça é o direito que pertence a todos e, visto que há diversidades, que cada um mereça segundo sua necessidade (Comparato, 2006).

Por essa razão, os direitos *consuetudinários* – isto é, os direitos não escritos, advindo dos costumes das comunidades indígenas – estão protegidos, observando, todavia, se tais costumes não se encontram em rota de colisão com o que se estabeleceu como direitos fundamentais. Se tal situação acontecer, métodos de resolução dos conflitos, de iniciativa da própria cultura, deverão ser aplicados caso a caso, observando as condições concretas para a aplicação de medidas que visem à eliminação de costumes que contenham práticas violentas ou discriminatórias. Nesse sentido, é quando o costume colide com a lei posta que o pluralismo jurídico se revela em toda a sua complexidade, como uma alternativa de garantia à ordem humana. Muitas leis baseadas nos costumes foram proibidas ou suprimidas pelo direito positivo, quando, por exemplo, foram sancionadas leis como a que proíbe a prática de racismo e a que tornou sem efeito a lei que dava ao homem a condição única de mando, de chefe de família (Benvenuto, 2015, p. 117-142).

Para a antropologia, são os costumes que formam a cultura, seja na forma de pensar, seja na forma de agir. A prática de julgar está de acordo com o sentido que determinada cultura confere ao que é considerado crime. Quando a antropologia trata questões de gênero ou de racismo, busca maneiras de modificar os costumes que prejudicam as interações, e este é o grande desafio para as culturas: relativizar a cultura buscando adequações ao dito *universalismo dos direitos humanos*. Sujeitos fragilizados só serão alçados à condição de sujeitos de direito com a implementação de estratégias de transformação de alguns costumes. Essa iniciativa, todavia, não é simples. Políticas públicas que beneficiem um dos gêneros mostra o quão difícil é a questão da universalidade dos direitos humanos, principalmente no caso específico dos direitos humanos relacionados à mulher. Muitas vezes, a submissão de um gênero ao outro é uma tradição, apresentando o mesmo peso da lei. A marca da tradição moral, ou seja, o costume, pode ser observada nos níveis de inferioridade e até de violência com que a criança é tratada em algumas culturas.

A lei e o costume entram, cada vez mais, em tensão na contemporaneidade. Existe uma luta pela derrubada de costumes que fixam a exclusão social em função da cor da pele, do gênero, da religião, da orientação sexual e da idade. Entretanto, se a moral não pode ser vista como equivalente à lei, há também tensões sociais provocadas pela letra jurídica positivada. A luta por igualdade derruba a crença na superioridade moral do opressor. A reflexão antropológica leva ao estranhamento de códigos morais antes tidos como adequados a uma lei que, agora, passa a ser inadmissível. Ao relativizar lei e moral, a antropologia cria um processo humanizador que facilita a expansão dos direitos humanos (Gugel, 2015).

Em busca de um nivelamento das disparidades, a antropologia encara seu longo caminho, em constante aprimoramento como disciplina humanística, que se permite questionar os próprios preconceitos e enxergar os direitos do outro. De seu passado assumidamente etnocêntrico, fez do combate à intolerância e da proteção às minorias sociais suas bandeiras contemporâneas. As pesquisas na área de antropologia jurídica, hoje, demonstram que os direitos humanos demandam produção acadêmica e comprometimento social entre universidade e sociedade.

— 4.3.1 —
Visões sobre o humano no contratualismo clássico

A ideia de direitos humanos ganhou força com o enfraquecimento do absolutismo real na França, na segunda metade do século XVI. É necessário, porém, que façamos uma reflexão cronológica acerca dos direitos humanos a partir da visão sobre o ser humano em Thomas Hobbes. Hobbes falou do surgimento do Estado em seu livro *Leviatã*, de 1651. Para ele, o Estado surgiu para se contrapor ao estado de natureza, anterior à sociedade, onde os seres humanos viviam em máxima liberdade, sem nenhuma regra anterior que regulamentasse as relações entre eles. O limite é o desejo e a força e, portanto, só vive bem quem consegue satisfazer seus desejos, e só satisfaz os desejos quem tem a força – o problema é que mesmo este precisa estar sempre em alerta para não ser surpreendido e, possivelmente, morto (Comparato, 2006).

A percepção de que todos são inimigos de todos em potencial levou os seres humanos a criar uma força que seria o somatório de todas forças abdicadas entre todos daquela coletividade. Essa força é o Leviatã ou o Estado moderno, cujo papel precípuo é o de garantir a segurança. É, portanto, um Estado que surgiu do medo, medo da morte violenta, e seu papel era, doravante, o de permitir que os habitantes em sociedade pudessem viver em paz. O preço pago por esse Estado foi o de que todos abrissem mão de suas liberdades em respeito ao outro e a tudo o que é do outro. Trata-se da transferência dos poderes individuais para um poder central em troca de segurança. No entanto, se esse Estado não garantisse a segurança, o contrato com o Leviatã estaria rompido e todos se sentiriam liberados para agir como bem entendessem. A sociedade civil, com o consequente surgimento do direito, era, para Hobbes, resultado desse pacto social. Todos seriam submissos ao soberano absoluto, o único com a liberdade de exercer a violência sobre os homens, que, em essência, são maus por natureza. A soberania, nesse caso, pertence ao rei (Comparato, 2006, p. 202-203).

John Locke, o segundo contratualista, parte de premissas diferentes de Hobbes. Ele é o pensador fundador do *liberalismo*, que, embora seja um termo abrangente demais, em tese significa liberdade econômica e política dos indivíduos, com pouca interferência do governo. Portanto, no sentido de Locke, trata-se da liberdade política, em que o Estado é necessário apenas para assegurar que as pessoas que detêm o poder não abusem do indivíduo, não o prejudiquem por meio dele (Estado mínimo). Nesse sentido, o poder não pode concentrar-se na mão de uma só pessoa (tirano). O liberalismo surgiu, então, no século XVII/XVIII contra o absolutismo (o Leviatã), para implantar um Estado de direito. É de Locke a ideia da tripartição do poder, sistema de separação de poderes, segundo o qual o povo exerceria o poder por meio da democracia representativa legislando no parlamento, enquanto o rei ficaria com o poder de executar as leis. A soberania, aqui, fica com o parlamento. Para Locke, o ser humano não é bom nem mau, mas tende a ser bom. É intrínseco ao indivíduo o direito à propriedade privada, um direito natural já reconhecido no estado de natureza. O pacto social em Locke justifica o surgimento do Estado para garantir a propriedade privada, a liberdade individual e a segurança. Existe uma cessão de direito ao Estado para que este haja em seu nome. O indivíduo não transfere o poder como em Hobbes, apenas cede (Comparato, 2006, p. 215-218).

O pacto social, em Rousseau, difere de Hobbes e de Locke. Para Rousseau, o homem é bom no estado de natureza, onde não há propriedade privada. Ao entrar em contato com outros grupos, começa a necessidade de proteger o território. Com o nascimento da propriedade privada, os seres humanos passaram para o Estado de sociedade e foram corrompidos pela moral mercantilista e pelo consumismo desenfreado. Surgiu o Estado burguês para proteger a propriedade privada, um Estado que estabelece a desigualdade social. No parlamento estão os burgueses, que elaboram leis apenas em benefício de sua classe, perpetuando a desigualdade. Como os indivíduos não eram livres, Rousseau propôs a transferência da soberania parlamentar/estatal para o indivíduo (povo) em uma democracia participativa. A soberania aqui é popular, indivisível e absoluta. Esse contrato social prevê uma democracia direta, em que todos possam participar. A classe trabalhadora encontra em Rousseau os fundamentos políticos para sua luta social (Comparato, 2006, p. 234-238).

— 4.3.2 —
Direitos humanos e as primeiras ideias de constitucionalismo

A ideia de constituição surgiu para proteger os indivíduos dos abusos do poder real. A Magna Carta de 1215 foi um dos primeiros documentos a reconhecer o direito das pessoas a ter direitos, como a liberdade eclesial, a supressão de impostos sem anuência dos contribuintes, as prisões arbitrárias, sem julgamento formal, o direito à defesa e a possibilidade de impetrar *habeas corpus*. Isso ocorreu por pressão dos barões, descontentes com o aumento de tributos outorgados por João Sem-Terra no século XIII (Comparato, 2006, p. 71-72).

Nesse início, o que houve foi uma revolta feudal, da aristocracia e do clero, que juntaram forças para manter seus privilégios (isenção de impostos) e enfraquecer o poder do rei. Na Magna Carta, foi proposta a criação de um parlamento onde os representantes dos súditos pudessem ter voz. O que o parlamento, representando a vontade de todos, decidisse, o rei teria de acatar.

A Magna Carta foi o primeiro movimento concreto para limitar o poder real. O absolutismo, porém, não deixou de existir, embora não existisse de direito, em função da existência do parlamento, ele era de fato (Comparato, 2006).

No século XVII, ascendeu ao poder a dinastia Stuart. Carlos I movimentou-se politicamente para tornar o absolutismo inglês mais forte. Nesse sentido, sua primeira medida foi a eliminação do parlamento e, em seguida, restaurou o catolicismo para legitimar o princípio da origem divina do poder real. Sem parlamento, não havia ninguém para limitar seu poder. Carlos I passou, então, a governar como se o parlamento não existisse, criando impostos à revelia deste. A burguesia se revoltou e, em 1628, o parlamento produziu um documento chamado *Petição de Direitos*, uma espécie de 2ª Magna Carta, exigindo que o rei cumprisse várias exigências, entre as quais:

> nenhum homem livre podia ser detido ou preso ou privado dos seus bens, das suas liberdades e franquias, ou posto fora da lei e exilado ou de qualquer modo molestado, a não ser por virtude de sentença legal dos seus pares ou da lei do país; [...] ninguém, fosse qual fosse a sua categoria ou condição, podia ser expulso das suas terras ou da sua morada, nem detido, preso, deserdado ou morto sem que lhe fosse dada a possibilidade de se defender em processo [...] ninguém podia ser condenado à morte ou à mutilação sem observância das formas da Magna Carta e do direito do país; [...] nenhum transgressor, seja qual for a sua classe, pode subtrair-se aos processos normais e às penas infligidas pelas leis e provisões deste vosso

> reino; [...] ninguém seja obrigado a contribuir com qualquer dádiva, empréstimo ou benevolence e a pagar qualquer taxa ou imposto, sem o consentimento de todos, manifestado por ato do Parlamento. (USP, 2021)

Dessa vez, porém, o rei usou seu exército e fechou o parlamento, mantendo-o em recesso até 1640. Parlamento fechado, absolutismo pleno. Em 1640, os burgueses deram início a uma guerra civil, conhecida como *Revolução Puritana*, contra o poder do rei e pela reabertura do parlamento. Foi uma guerra declaradamente contra a monarquia, que culminou com a vitória da burguesia, o fim da monarquia e a execução de Carlos I. A mensagem era clara: o poder não vem de Deus, nós podemos tirá-lo; o poder vem dos próprios homens. No entanto, a Inglaterra teve de esperar até o ano de 1689, no processo da Revolução Gloriosa, para pôr fim definitivamente ao absolutismo monárquico. Constituiu-se, então, um novo documento – o *Bill of Rights* – que reforçava os princípios da Magna Carta, segundo a qual o rei deveria submeter-se às leis do parlamento. No entanto, ainda não foi dessa vez que a burguesia conseguiu igualdade e participação política. O *Bill of Rights* diminuiu o poder do rei e fortaleceu o da nobreza, não o da burguesia. A Carta reconhecia não os direitos do homem, mas os dos ingleses. Faltava-lhe, portanto, o universalismo.

Com a Revolução Francesa, muitas das práticas e das ideias políticas ligadas à República e à própria democracia se tornaram temas de debate e de aprofundamento. Essa revolução não significou a queda definitiva do absolutismo francês, este só viria a cair com as jornadas gloriosas de julho de 1830, mas inspirou a DUDH.

A crise econômica na França pré-revolucionária dava conta de que o absolutismo não conseguia sustentar-se economicamente. Era preciso uma cobrança cada vez mais escorchante de impostos da população, da burguesia e dos trabalhadores, membros do Terceiro Estado que trabalhavam praticamente para sustentar o Primeiro Estado (alto clero) e o Segundo Estado (nobreza). Os sinais de esgotamentos apresentados pela economia (déficit interno) eram, em grande parte, decorrentes do próprio absolutismo, como os privilégios da nobreza e do alto clero, que tinham isenções fiscais totais ou parciais. Quanto menos impostos, mais destaque tinha um nobre no reino. Com a crise econômica e política veio a crítica a esses privilégios, gerando o estopim da Revolução. Junto às causas conjunturais e estruturais estavam os ideais iluministas, com noções de liberdade de expressão, liberdade política e liberdade jurídica, que, reunidas, formavam o contexto pré-revolucionário.

No dia 14 de julho de 1789, cerca de 25 mil franceses marcharam até o depósito de armas em Paris e, de lá, foram até a Bastilha – prisão símbolo do poder da opressão do rei – apossar-se da pólvora. A tomada da Bastilha tornou-se o símbolo da Revolução Francesa. A partir desse período, a chamada *Assembleia Constituinte* começou a se reunir, mesmo contrária ao rei. Poucos dias depois, foi aprovado o fim dos privilégios feudais pela constituinte. A Declaração dos Direitos do Homem e do Cidadão foi o primeiro grande documento de Revolução. Os 17 artigos dessa Declaração têm como ideia central o fim das distinções de nascimento e a resistência à opressão: "Os homens nascem e são livres e iguais em direitos" (França, 1789). Isso resume colocar em prática os ideais de liberdade, igualdade e fraternidade e os assim considerados direitos naturais imprescritíveis e inalienáveis do homem.

Não é, assim como a inglesa, uma declaração universal. É uma declaração para os homens franceses. As mulheres não entraram nessa declaração. Mais tarde verificou-se, ainda, que o documento contempla não todos os homens franceses, mas os homens burgueses. Olympe de Gouges, mulher que participou da revolução, denunciou a ausência de representatividade da mulher no documento e apresentou a Declaração dos Direitos da Mulher e da Cidadã. Portanto, em Paris, já havia mulheres pautando tratamento de igualdade com os homens. Todavia, o comitê revolucionário recusou a Declaração de Gouges.

Na Declaração dos Direitos do Homem e do Cidadão, o rei ficava subordinado aos limites da constituição e o voto era censitário. O povo não tinha o direito de votar nem de ser votado. A desigualdade social era, por si só, uma condição desumanizante. Contudo, a Constituição francesa não conseguiu sustentar a paz social. O Terceiro Estado dividiu-se: de um lado, os girondinos (alta burguesia) se posicionavam a favor dos ricos; de outro, os jacobinos lutavam para garantir o povo (trabalhadores) no poder.

Buscando humanizar o tratamento dos mais pobres, os jacobinos cometeram muitos excessos no período que ficou conhecido como *Terror*. No entanto, foi durante esse período, que durou menos de 1 ano, que a Convenção Jacobina conseguiu estabelecer os maiores avanços da Revolução, como reforma agrária, melhores salários para os trabalhadores, escolas públicas, liberdade religiosa, previsão do divórcio, entre outros. Por propor tantos avanços sociais, os nobres e a alta burguesia reagiram com violência, alguns com armas. Robespierre, o líder jacobino, enfrentou-os e deu início à violenta repressão.

— 4.3.3 —
Direitos humanos nas constituições brasileiras

O pacto político, escrito ou não, sempre existiu. Assim, o constitucionalismo nasceu com o Estado moderno para combater estruturas autoritárias. Trata-se de uma carta de rompimento com o absolutismo. Vimos que os direitos humanos, de modo geral, firmaram-se também como expressão de resistência a todas as formas despóticas, hostis e humilhante – seja do Estado, seja do setor privado, seja do espaço doméstico –, mas, sobretudo, representaram a garantia do desenvolvimento humano. Não se é possível uma sociedade que possa respeitar a diversidade, a pluralidade e a autonomia ante uma única fonte de poder.

Nesse âmbito, uma constituição significa o poder originário de qualquer Estado, fundada pela Assembleia Constituinte eleita pelo voto popular. Ela é fruto da nossa vontade como povo, expressada por meio de debates, e está acima de qualquer outro poder do Estado. O princípio da igualdade (combate à desigualdade e à pobreza) esteve presente em todas as constituições brasileiras, mas nenhuma, com exceção da Constituição de 1988, assegurou de forma completa esse princípio.

A Constituição é a lei que está acima de todas as outras leis. É a lei suprema de Estado. Revisar as constituições pelas quais o Brasil passou é conhecer fatos importantes de nossa história política, econômica e social desde a nossa Independência de Portugal.

- **Constituição de 1824 do Império**: Outorgada (sem participação popular), aconteceu logo após a Independência (1922). Foi dissolvida assim que D. Pedro I viu seus poderes sendo limitados. Apenas pessoas de posse podiam votar, ou seja, a elite latifundiária escravista. O catolicismo era a religião de Estado. Avanços sociais, como gratuidade da educação primária, direito à saúde, liberdade de expressão e de imprensa e igualdade de todos perante a lei ficaram, de fato, apenas no papel.
- **Constituição de 1891**: Promulgada, republicana e laica. Proibiu-se a pena de morte. Eficácia social nula, não prevendo sequer o direito à instrução gratuita. Somente os cidadãos

(homens) maiores de 21 anos podiam ser eleitores. Mulheres eram consideradas incapazes de escolher seus representantes.

- **Constituição de 1934**: Promulgada, liberal, com importantes questões sociais implementadas, como voto secreto, voto feminino, obrigatoriedade e gratuidade do ensino primário. Regime democrático, assegurando ao povo a liberdade, a justiça e o bem-estar social e econômico, principalmente proteção ao trabalhador, salário mínimo, jornada e condições de trabalho humanizantes.
- **Constituição de 1937**: Outorgada e autoritária nos moldes fascistas. Concentração de poderes no Executivo. Garantias individuais suprimidas e a volta da pena de morte. Direitos sociais (trabalhistas) foram mantidos, com exceção do direito de greve.
- **Constituição de 1946**: Promulgada, restaurou direitos e garantias individuais e descentralizou o poder do Executivo. Manteve a assistência aos trabalhadores e às gestantes, inseriu a ação popular e a propriedade foi condicionada à sua função social, possibilitando a desapropriação por interesse social. A economia deveria conciliar os princípios da justiça social, como liberdade de iniciativa, valorização do trabalho humano, assistência aos desempregados, seguro contra acidente do trabalho, direito de greve e liberdade de associação patronal ou sindical. Junto à Constituição de 1988 e, portanto, diferente das outras constituições, ela não inaugurou

ordens ditatoriais, visto que se encaixa no constitucionalismo democrático.

- **Constituição de 1967**: Promulgada, legislou sobre defesa e proteção da saúde e dos direitos trabalhistas. Centralizou os poderes no Executivo, que passou a ser eleito pelo voto indireto. Decretou a lei de censura, restringiu o direito de reunião e de greve e criou a pena de suspensão dos direitos políticos. Reduziu para 12 anos a idade mínima de permissão do trabalho e proibiu a diferença de salários também por motivo de etnia. Permitiu a aposentadoria da mulher aos 30 anos de trabalho, com salário integral. A Emenda Constitucional n. 1 (1969) intensificou a concentração de poder no Executivo (Exército), em uma das maiores afrontas aos direitos fundamentais.
- **Constituição de 1988**: Promulgada – chamada de Constituição Cidadã –, com ampla participação popular e voltada para a plena realização da cidadania. Foi a que melhor instituiu os direitos fundamentais, tanto em qualidade quanto em quantidade, e a que melhor acolheu aos direitos sociais, visto que, "pela primeira vez na história do constitucionalismo pátrio, a matéria foi tratada com a merecida relevância" (Sarlet, 2007, p. 75). O princípio da igualdade é reconhecido como valor supremo e fundamento do Estado Democrático de Direito. A igualdade deve ser interpretada não a partir de sua restrita e formal (textual) concepção liberal, mas sim como

uma igualdade material (igualdade no texto e na aplicação na norma), impondo tratar os iguais como iguais e os desiguais como desiguais.

Atuando ou não o Estado de forma a satisfazer os preceitos estabelecidos pela Constituição Federal de 1988, é inegável que ela priorizou o respeito à pessoa humana e ampliou as garantias civis com novos remédios processuais, como o mandado de segurança coletivo, o mandado de injunção e o *habeas data*.

A constituição é o documento político mais importante do direito, contudo, é bom que atentemos, as repúblicas ou as monarquias parlamentarizadas, embora assentadas na prática da declaração de direitos, permitem supor, dada a divisão social das classes, que alguns têm direitos e outros não. Os direitos humanos se confirmaram como questão sociopolítica, e não jurídica. Cumpre indagar se as democracias liberais, berços desses documentos, concretizam a declaração de direitos. Nesse sentido, a Constituição de 1988, que é liberal e social, é uma constituição simbólica, que traz, teoricamente, muitos direitos como símbolos, ou seja, avanços simbólicos na medida em que não se preocupa em realizar o que nela está previsto. Por outro lado, a Constituição de 1988 foi, sem dúvida, muito importante para nosso processo de redemocratização, com uma quantidade imensa de previsões e que estabilizou o Brasil, o que, para nosso histórico, não é pouco.

— 4.4 —

Dignidade da pessoa humana

Nos tempos atuais, quando se chega a um valor de igualdade, trabalha-se com critério universal. Quando se fala em *democracia* e *igualdade* hoje, significa dizer que nenhum ser humano está excluído da condição de dignidade. O processo civilizatório do constitucionalismo é, portanto, um processo de amplificação de participação de valores de reconhecimento do outro – todos têm o mesmo valor. A discriminação, o racismo, a xenofobia, o machismo e a homofobia são filhos da intolerância e da ausência de alteridade e, portanto, são questões de ordem jurídico-cultural. Eis o vínculo inexorável entre antropologia e direito. A cultura hegemônica gera ondas de discriminações contra minorias, perceptível, por exemplo, nos esportes (enfrentamento de torcidas com apelos discriminatórios), na religião (culturas árabes *versus* cultura ocidental, templos de religião de matriz africana sendo vilipendiados etc.) e nas sexualidades (agressão às pessoas fora do padrão heteronormativo). Todos esses são conflitos que têm a cultura como causa.

Princípio constitucional absolutamente relevante, o conceito de dignidade da pessoa humana, em seu viés histórico, é a própria evolução das noções que formaram os direitos fundamentais. Mesmo não sendo discutido com a profundidade que o tema merece, não significa que se deixará de conferir a importância que o assunto exige. A dignidade da pessoa humana é um entendimento que sofreu variações em seu conceito de acordo com as diferentes épocas, isto é, o conceito foi construído com próprio marchar da humanidade. Para sua atual conceituação, faz-se necessário observar que essa trajetória teve a duração de 25 séculos até que uma Declaração Universal abrangesse os povos da Terra em uma gloriosa aclamação de que: "Todos os seres humanos nascem livres e iguais em dignidade e direitos" (Artigo 1), e que "Todo ser humano tem o direito de ser, em todos os lugares, reconhecido como pessoa perante a lei" (Artigo 6) (Nações Unidas, 1948).

A dignidade da pessoa humana se realiza quando todas as condições mínimas úteis à humanidade – isto é, os direitos fundamentais – são asseguradas, visto que pertencem ao conjunto de garantias dos próprios direitos humanos. Trata-se de um magistral conceito jurídico cuja trajetória – iniciada na Antiguidade clássica, como vimos na primeira parte deste livro – passa pelo ideário cristão, ressignifica-se na modernidade e continua em aprimoramento na contemporaneidade: "a **dignidade da pessoa humana** não é uma criação constitucional, pois ela é um desses conceitos *a priori*, um dado preexistente" (Silva, 1998, p. 91, grifo do original).

Embora os conceitos de política e cidadania tenham sido definidos já na Antiguidade clássica grega, não foi naquele contexto que a noção de *pessoa* surgiu. O conceito de pessoa humana surgiu com o cristianismo na Roma antiga. Antes da Era Cristã, temos as formulações do jurisconsulto romano Cícero, considerando a dignidade da pessoa não mais pela importância do cargo ou da posição social, mas por ser *pessoa*. Segundo Cícero, para ter dignidade, a pessoa deveria ter as condições sociopolíticas de exercer a vida de virtude, de integridade, usando a razão para se manter longe das paixões, pois estas tumultuam a alma. Cícero era seguidor dos valores estoicos, ou seja, ter uma vida digna era estar em harmonia com a natureza, afastado das paixões e dos conflitos. A vida virtuosa era estar em paz consigo mesmo, em um estado propriamente dito de meditação. Quem vive em harmonia consigo próprio, diziam os estoicos, tende a colocar o interesse geral da coletividade acima de seu próprio interesse (Comparato, 2006).

É aqui que os ensinamentos estoicos coincidem com os valores cristãos. Aquele que cumprir a virtude, conforme Cícero, não vai se orientar pelo prazer, mas pelo dever. A reta razão tem sua origem em Deus e conduz o homem no caminho correto. Já a visão cristã não prescreveria o ódio entre os povos nem incutiria no cidadão a ideia de que deveria desprezar o estrangeiro, antes, tem por preceito o amor ao próximo e, por essência, ensinar ao homem valores humanos éticos, até mesmo de complacência para com os estrangeiros e de tolerância para com o inimigo (Coulanges, 1998).

O cristianismo carreou para seu ideário as concepções estoicas de Cícero. O direito natural fundado no amor ao próximo não se restringia às relações entre os seus, mas pregava o respeito também ao estrangeiro, pois, do contrário, a sociedade comum do gênero humano seria destruída. A existência de uma sociedade de todos os homens, tendo o amor como fundamento do direito autêntico, já enunciava as premissas da mensagem cristã (Comparato, 2006).

No decorrer da Idade Média, o conceito de dignidade sofreu um processo de estagnação intelectual e até de retrocessos que acabaram por minar o legado cultural e a produção intelectual dos antigos. Configurou-se, então, um período de obscurantismo, onde o primado humanista de amor e de coletividade da primeira foi censurado e o conhecimento passou a ser regulamento e subordinado à Igreja. A verdade Revelada da Igreja se opunha à razão humana, que termina por submeter-se à teologia, socialmente dominante. Se, de um lado, a ideia de uma dignidade humana comum atava-se à ideia de uma unidade, pela visão de que todos são iguais, filhos de um Deus único, de outro, as pessoas não poderiam ter nem liberdade de pensamento nem liberdade religiosa, além de negar esse *status* a todos os que não fossem cristãos.

Assim, o cristianismo medieval encerrou toda e qualquer tentativa de emancipação da pessoa humana. Caracterizada pela descentralização política, ocorrida pela fragmentação do território romano e que culminou na existência de vários centros de poder, a Idade Média sofreu influência direta desse cristianismo que, por razões diversas, condenava a atividade comercial, o que favoreceu o sistema feudal. A população servil continuava com a obrigação de trabalhar para o sustento de todos. A ideia de que todos somos filhos de Deus, criados à sua imagem e semelhança, sem distinção de sexo ou classe social, detentores de uma liberdade irrenunciável, não passou de um breve ensaio. O reconhecimento aos direitos relativos à pessoa humana não muda, um pouco que seja, práticas como a servidão ou a escravidão.

No século XIII, quase no final do medievo, Tomás de Aquino desenvolveu uma interpretação teológica em que concebeu a vontade Deus como fonte de direitos humanos. Pela primeira vez, alguém se referiu ao termo *dignitas humana* como algo racional, humano, e, portanto, inerente a todos, possibilitando ao indivíduo a liberdade de construir sua própria existência (Sarlet, 2007, p. 30-31). Para ele, o ser humano traz em si dignidade e igualdade por ter sido criado à imagem e à semelhança de Deus e, portanto, a negação desses direitos não seria proveniente de Deus. Não deixa de ser inovador, embora ficasse mantida a visão tradicional religiosa porque, como é notório, algo muito diferente da tradição incorreria em heresia. Dallari (2000), também se referindo a Tomás de Aquino, ressalta o fato de que, se de Deus derivam os direitos humanos, lógica é a rejeição à violência e à discriminação; e mais, sendo o ser humano detentor de direitos naturais que devem ser sempre respeitados, a ele caberá o direito de se rebelar caso tenha esses direitos negados.

Para Tomás de Aquino, o indivíduo é um ser especial, dotado por Deus da capacidade de separar o bem e o mal e que a razão humana teria sempre um pendor natural para o bem e a verdade. O que diferencia o homem das outras criaturas é sua capacidade de escolha e, por meio dela, ele é livre e responsável pela sua vida. Isso já resolve, de saída, o eterno dilema de todos os religiosos: como é possível que o Deus de Verdade e Justiça, do qual tudo depende no céu e na terra, criador do homem à sua imagem e semelhança, tenha introduzido o mal no mundo, ou, pelo menos, permitido sua introdução (Comparato, 2006). Se ele tudo criou, seria a causa do pecado, da violência, da degradação humana? Para Aquino, o homem escolhe ser mau ou bom. A racionalidade sela, assim, o destino da pessoa humana como um ser dotado de um valor em si próprio, transformando-o no que há de mais sublime no mundo. A causa de todas as mazelas humanas, o erro, está no livre arbítrio da pessoa. A verdade também. A modernidade que se avizinha abre caminho para a vinda do indivíduo, ou seja, a vinda do sujeito de razão, da liberdade de escolha e da autonomia sobre sua vontade.

A visão humanista da dignidade humana continuou pela via que não a do direito. Lutero, em sua obra reformista, diz que a liberdade do indivíduo reside na capacidade de sua razão em escolher o que é certo para a sociedade e para si próprio. A livre interpretação da Bíblia trouxe, em seu bojo, a liberdade de culto, a liberdade de expressão e a liberdade de associação, direitos esses essenciais ao mundo moderno. O indivíduo não estava mais preso às amarras do catolicismo dogmático; estava livre para expressar sua visão de mundo em reuniões que seriam as futuras seitas protestantes (Weber, 1992).

Mesmo o Renascimento rompendo com a subalternidade das pessoas à Igreja e desencadeando uma verdadeira revolução mental na forma de ver o mundo, a promessa de liberdade ficou no ar. O poder da Igreja foi substituído pelo poder absoluto do monarca, e os súditos se submeteram ao soberano. O mercantilismo, aos poucos, foi se sobrepondo ao modo de produção feudal, e os interesses pelos negócios do mercado levaram a Europa a descobrir as Américas. Teve início, então, um cenário de violência e de profundo desrespeito às culturas não europeias, configurando episódios de desprezo à dignidade humana dos povos, submetidos às condições mais degradantes de sobrevivência.

A violenta ocupação territorial, a exploração de mão de obra, a escravidão, a tortura e o massacre fazem parte não só da colonização das Américas, mas também das colônias na África e na Ásia. Quem comandava os massacres eram os europeus, e todos eram cristãos. A verdade era que a dignidade humana não poderia restringir-se aos preceitos cristãos - era necessária sua secularização. O pensamento laico começava a abrir caminho. Não era mais possível aceitar a violência praticada pelos cristãos como algo que Deus aceitasse, como o que ocorreu durante as Cruzadas, na Inquisição e nos processos de colonização das Américas, Ásia e África.

Foi Kant quem retirou a dignidade humana do enclausuramento da doutrina cristã. Eram necessárias a universalização e a secularização do conceito de dignidade humana, tornando-o laico, indissociável da racionalidade e, portanto, do humano. Kant concebeu a dignidade como a autonomia ética do ser humano (Comparato, 2006). A fundamentação laicizada da dignidade humana na modernidade antropocêntrica foi se firmando pela força da contratualidade imposta, inclusive ao Estado, que, deixando o absolutismo, abriu-se aos propósitos constitucionais de valorização da pessoa humana, produzindo uma ordem jurídica voltada ao bem público e a uma sociedade justa.

— 4.4.1 —
Perda da dignidade humana

Foi no seio da civilização burguesa que o mundo contemporâneo vislumbrou profundas crises humanas: a revolta do proletariado contra o sistema de exploração do trabalho de uns para a concentração de riqueza de outros; a crise de superprodução das indústrias que gerou desempregos e falências; a Primeira Guerra Mundial, um conflito que teve origem na disputa de territórios entre as potências capitalistas; a crise de 1929, com a quebra da bolsa de Nova Iorque; a ascensão do fascismo e do nazismo e a consequente Segunda Guerra Mundial.

A negação do poder clerical e do absolutismo não foram suficientes para erigir um Estado que conseguisse criar uma ordem jurídica justa e, baseado nela, promover o bem público e a dignidade humana no âmbito social. Nas crises sociais que se sucederam, principalmente nas duas grandes guerras, o que se viu foi o vilipêndio da dignidade humana, subjugada às condições mais vis de sobrevivência. Nesses contextos, a luta pela dignidade humana levantou-se contra o positivismo estatal, que embasou juridicamente as políticas nazifascistas, dando amparo legal às práticas de horror dentro dos campos de concentração, ao holocausto e a outras barbáries. Tudo estava escorado na lei.

Em *Origens do totalitarismo*, Hannah Arendt (1989) faz uma abordagem dos trágicos acontecimentos em torno das duas grandes guerras mundiais no século XX e explica de que forma a conversão do Estado de lei ao Estado instrumento de uma ideologia nacional atuou na perda da dignidade e na desumanização de milhões de seres humanos nos campos de extermínio nazistas. Segundo a autora, a primeira perda que sofreram foi a perda de seus lares, o que significava a perda de seu lugar de estar no mundo – passou a não existir lugar algum na Terra aonde os emigrantes pudessem se dirigir sem as mais severas restrições, nenhum país ao qual pudessem ser assimilados ou no qual pudessem fundar uma nova comunidade (Arendt, 1989). A exterminação dos judeus começou pela privação de toda condição legal que tinham como cidadãos de segunda classe, separando-os do mundo para agrupá-los em guetos e campos de concentração. Antes de acionarem as câmaras de gás, já haviam verificado, para sua satisfação, que nenhum país reclamava aquela gente. Criou-se uma condição de completa privação de direitos antes que o direito à vida fosse ameaçado (Arendt, 1989).

Para Comparato (2006), as políticas totalitárias apresentam duas características centrais: a concentração do poder nas mãos de um líder e, portanto, nenhum espaço para democracia e direitos individuais; e o medo. Despolitizar a sociedade, deixar as pessoas com medo, sem saber a quem recorrer, foi essencial para que isso ocorresse. O ódio do Estado à diversidade impunha à sociedade um critério de moralidade como conduta do ideal cívico: o cidadão de bem deveria fazer do líder um ser mítico, que saberia conduzir a todos a um mundo perfeito. A Constituição, o sistema de normas gerais previsíveis, racionais e sancionadas pelo Poder Público, teria menor importância. O medo era o motor do regime (Comparato, 2006, p. 368).

A moral ideal compreendia, assim, o apagamento das diferenças de gênero, raça, cultura ou nacionalidade. Surgiu aos poucos uma sociedade irresponsável com o mundo, um desinteresse para com o outro, um descompromisso com a sociedade humana. Havia uma desvalorização do pensamento intelectual e da consciência crítica. Os interesses individuais se sobrepunham ao coletivo. Os indivíduos não tinham entre si uma relação política nem com o Estado (Arendt, 1989).

A grande decepção para Arendt (1989) foi chegar à conclusão que os nazistas não eram monstros, excepcionais, eram agentes cumpridores da lei do Estado, e que qualquer indivíduo devidamente manipulado é capaz da maldade. Pessoas normais devidamente manipuladas fariam o que os nazistas fizeram. Com isso, o autor não queria desculpar os criminosos nazistas, mas dizer que o mal não é algo extraordinário, uma inversão de valores. Quando manipuladas, pessoas banalizam o mal. Para Arendt (1989), era necessário resgatar o pensamento grego da política voltada para o bem comum.

A tutela da dignidade humana não poderia estar nas mãos da Igreja nem do Estado. Diante daquele horror, a dignidade, essa condição inerentemente humana, precisava da garantia de uma legislação universal, para que, a cada vez que fosse negada, houvesse ampla divulgação. Era urgente que os ordenamentos jurídicos viessem acompanhados de valores éticos. A existência do Estado só teria sentido se estivesse a serviço da dignidade humana – a concretização dessa condição seria a legitimidade da existência daquele. Hoje, passados mais de 70 anos da DUDH, é válida a crítica sobre sua não universalidade e sobre o fato de que, a despeito de ter se mantido operante todo esse tempo, carrega ainda valores eurocêntricos, ao mesmo tempo em que mantém a narrativa global de dignidade humana.

Boaventura de Sousa Santos, em seu livro *Sociologia das ausências*, acusa governos democráticos de fazerem proselitismo com os direitos humanos a fim de acusar países que não se alinham economicamente a eles. Nesse sentido, tais governos denunciam as violações dos direitos humanos como se estas ocorressem apenas em países inimigos e silenciam sobre as violações que existem em seus próprios países ou nos países "amigos". Lévi-Strauss (1993b), quando fala das três etapas do humanismo, refere-se sobre o quanto o colonialismo europeu se beneficiou dessas ausências.

Os regimes totalitários que surgiram após a Primeira Guerra Mundial tinham, entre outras características, a não aceitação do outro, do diferente, de quem retiravam direitos básicos, como direitos civis, políticos e sociais. Após a Segunda Guerra Mundial, ressuscitou-se a tese de Kant "A Paz Perpétua", segundo a qual os homens no uso puro da razão chegariam a um denominador comum para o estabelecimento da paz. Foi em nome dessa racionalidade que 50 nações se uniram em 1945, em São Francisco, para criar uma organização internacional que garantisse que o horror jamais se repetisse.

A Carta das Nações Unidas nascia ali como um documento de fé de que a organização mundial pudesse garantir a paz. Nessa carta, os povos plenipotenciários visavam preservar as futuras gerações do flagelo que haviam sofrido nas duas guerras e reiterar a fé nos direitos fundamentais do homem, na dignidade humana e na igualdade de direito a todos. A consecução desses objetivos estava em praticar a tolerância e viver em paz uns com os outros[1].

Em 1948, veio a DUDH e, pela primeira vez na história, falou-se em proteção universal dos direitos humanos. Trata-se dos direitos inerentes a toda e qualquer pessoa humana – mesmo o maior dos criminosos, todos são iguais em dignidade, no sentido de serem reconhecidos como pessoas, ainda que não se portem de forma igualmente digna para com seus semelhantes (Sarlet, 2007, p. 45). Isto é, a dignidade não acaba, por mais aviltante que tenha sido a atitude do ser humano. Respeitar a pessoa é não desejar a ela o que não se quer para si. O respeito ao outro é um

1 Sobre a Carta das Nações Unidas, acesse: <http://www.planalto.gov.br/ccivil_03/decreto/1930-1949/d19841.htm>.

valor cujo fim é em si mesmo, e não um meio para se conseguir alguma coisa.

Como já vimos, segundo o art. 1º da DUDH: "Todos os seres humanos nascem livres e iguais em dignidade e direitos" (Nações Unidas, 1948). Do ponto de vista da dignidade humana, podemos ser diferentes, pensarmos diferente, expressarmos opiniões diferentes, mas essas premissas não permitem, por exemplo, que o conceito de *criança* na África seja relativizado. Podemos ter gostos e opiniões diferentes, mas não defender a violência contra a criança. A tolerância à violência termina na lei. A violência contra qualquer outro constitui o campo do ilegal.

Conviver e interagir com quem pensa diferente ou tenha opiniões divergentes e crenças religiosas distintas constituem o campo do relativismo. Nesse sentido, desejar algo contrário do que a Constituição considera como direitos fundamentais – suas cláusulas pétreas – constitui crime constitucional. Portanto, quem defende a intervenção militar, por exemplo, comete crime constitucional. A nossa Constituição não a garante. A opinião é livre, desde que não infrinja a lei. É possível ter a opinião que se queira sobre religião, mas essa opinião não pode incitar violências. Conviver com outras liberdades de cidadania é viver com outros limites, e isso é fundamental. A DUDH deu origem a todas os outros direitos, como o dos idosos, das crianças e dos adolescentes, das pessoas com deficiência, do meio ambiente, e o Brasil assinou todos.

— 4.5 —
Questões brasileiras de antropologia jurídica

Entre as questões brasileiras de antropologia jurídica estão não só os direitos humanos, mas o esclarecimento de que os direitos humanos não surgem para os "humanos direitos", mas para proteger todos os humanos, incluindo criminosos. Como seres humanos, devemos entender esses direitos como imprescindíveis ao exercício da vida em conjunto. Entender humanamente o próximo é um dever de cidadania, mesmo que o próximo seja também um criminoso, pois, antes do criminoso, existe uma pessoa que merece tratamento digno e que vai ser punido por seu ato danoso para a sociedade, porém uma punição digna, prevista pelo devido processo legal. A punição, em conformidade com as vias jurídicas legais, é uma conquista humana, pois significa que ele (o criminoso) não será desumanizado por um Estado igualmente criminoso.

A cultura de negação aos direitos humanos faz parte da história e da própria trajetória do direito brasileiro - uma cultura que mantém muitas marcas da colonização. O desprezo aos pobres e os resquícios da escravidão estão nos preconceitos de classe e nos racismos que ocorrem no dia a dia. À população brasileira, mesmo sendo livre, faltam-lhe ainda condições para o exercício dos direitos civis, sobretudo a educação (Carvalho, 2008, p. 24-27).

Por um lado, o Brasil tem um sistema de justiça de pouco alcance às classes mais desfavorecidas. É no campo política que se decide quem tem direito e como o direito vai ser exercido na sociedade. Conhecendo as classes que dominaram o cenário político desde os tempos do Brasil Colônia, entendemos, por exemplo, a histórica desigualdade social e as ações dos movimentos populares que ganharam as ruas para reivindicar direitos.

O direito brasileiro sempre favoreceu e protegeu interesses de classe, de gênero e de "raça": a classe rica, o gênero masculino e a pessoa branca. Portanto, fazem parte das temáticas atuais da antropologia jurídica no Brasil a discussão da cultura do patriarcado, a violência contra a mulher e seus direitos, os direitos LGBTs, os direitos da criança e do idoso. Trata-se de grupos sociais que reivindicam a expansão dos lugares de realizar a política e a descentralização do poder de dizer o que é direito na sociedade.

— 4.5.1 — Violência contra a mulher

O sistema patriarcal estruturou quase todas as sociedades desde a Antiguidade. Tratava-se de uma estrutura sobretudo econômica, controlada pela figura masculina. Mesmo tendo esse conceito perdido a validade, o que perdurou foi a cultura patriarcal da dominação masculina. A hierarquização, a dominação e a naturalização do domínio do homem sobre a mulher criou padrões de normalidade (inclusive de múltiplas violências), dificultando seu enfrentamento.

A violência contra as mulheres se perpetua por meio de uma cultura machista, na qual homens e mulheres não são educados pelo princípio da igualdade, podendo o homem disciplinar a mulher. Durante muito tempo, imperou a cultura que reforçava o ideal de felicidade para as mulheres, em que a mulher feliz cumpria o papel de esposa, mãe e dona de casa. Isso não seria um problema em si, porém revelava uma desigualdade profunda das mulheres em relação aos homens no próprio casamento, na política e no trabalho. A mulher, mesmo hoje, não conquistou sua autonomia de forma plena, pois a desigualdade de gênero ainda existe e constitui uma afronta ao art. 5º da Constituição Federal de 1988, que trata do direito da igualdade. Por isso é tão importante a educação para a autonomia feminina.

O combate ao patriarcado e à sua cultura de violência nasce da compreensão de sua construção social. O patriarcado é uma construção histórica, não se trata de algo natural, podendo assim ser desconstruído. O conhecimento antropológico nos permite observar o quão fundamental foi o papel de instituições como religião, família e Estado na reprodução do patriarcado. Quando tudo parece ter sido obra dos homens, é necessário entender que a exclusão sistemática das mulheres dos espaços públicos é a condição *sine qua non* para a naturalização de sua subjugação. Ao trazer esses estudos a lume, o movimento feminista busca ampliar a luta por políticas públicas, as leis de proteção à mulher e a construção de espaços de participação.

Em 2003, foi criada a Secretaria de Políticas para as Mulheres da Presidência da República, aprimorando-se as políticas públicas de enfrentamento da violência, como a prevenção e a responsabilização dos agressores (Brasil, 2011b). Em 2004, foi promulgada a Lei n. 13.142, de 6 de julho de 2015 (Brasil, 2015b), que alterou os arts. 121 e 129 do Código Penal. Essa lei criminaliza a violência doméstica.

A chamada *Lei Maria da Penha* – Lei n. 11.340, de 7 de agosto de 2006 (Brasil, 2006) – visa à proteção completa de mulheres contra todos os tipos de violência, incluindo uma rede de atendimento composta por centros de referência da mulher, defensorias da mulher, promotorias da mulher ou núcleos de gênero nos Ministérios Públicos, juizados especializados de violência doméstica e familiar contra a mulher, entre outros. Essa lei, que está fundamentada na Constituição Federal de 1988, art. 226, parágrafo 8°, afirma que "o Estado assegurará a assistência à família na pessoa de cada um dos seus membros, criando mecanismos para coibir a violência no seio da família" (Brasil, 2006). Já o art. 6° reconhece que a violência contra as mulheres traduz violação aos direitos humanos.

Em 2015, foi sancionada também a Lei 13.104 (Brasil, 2015), que tipifica como hediondo o crime de feminicídio – o assassinato de mulheres por razões de gênero (Campos, 2010).

Apesar de todos esses esforços, as ações para o combate à violência de gênero são minúsculas diante da violência diária. Em todo o mundo, as mulheres continuam tendo seus direitos desrespeitados.

— 4.5.2 —

Diversidade sexual e violência

A diversidade sexual acompanha a história humana, seja nas sociedades simples, seja nas mais complexas. O Brasil é o país que mais mata LGBTs (lésbicas, gays, bissexuais, travestis, transexuais e transgêneros) no mundo, como afirmam os dados de 2017 divulgados pelo Grupo Gay da Bahia (GGB, 2017): 445 pessoas – das quais 194 eram homens gays, 191 eram pessoas transexuais, 43 eram lésbicas e 5 eram bissexuais – foram mortas por motivação homofóbica. Os direitos humanos relativos à diversidade sexual e de gênero perfazem uma história de lutas contra a discriminação, a criminalização e a patologização das condutas que se situam fora do padrão heterossexual.

A homossexualidade já foi considerada crime, doença, possessão. Em 1973, a Associação Americana de Psiquiatria retirou a palavra *homossexualismo* da lista de transtornos mentais. Em 1990, a Assembleia Geral da Organização Mundial de Saúde (OMS) oficializou a retirada do código 302.0 – "homossexualismo" – da Classificação Internacional de Doenças (CID) e declarou oficialmente que "a homossexualidade não constitui doença, nem distúrbio" (Ribeiro, 2011).

Em 1969, a revolta de Stonewall marcou o início da organização política: assumir-se era condição que objetivava a obtenção de direitos e se tornou uma prática dos movimentos em favor da diversidade sexual e de gênero. A consciência de tomar para si a liderança da luta pela inclusão fez dos movimentos LGBTs um dos mais fortes em vários países do mundo. As reivindicações incluíam chamar a atenção para o fato "ser", e não de se "estar" homossexual - ou seja, trata-se de uma condição, não de uma opção (Ribeiro, 2011).

A Constituição Federal de 1988, quando de seu processo constituinte, recebeu explícitas demandas, não só acerca das reivindicações de direitos, mas também de políticas públicas, que coibiam a violência, a discriminação e o preconceito que recaíam sobre os LGBTs. O alto número de violência letal levou pesquisadores a identificar o que veio a se chamar, posteriormente, *homofobia*, que significa ódio ou aversão aos LGBTs. Ser homossexual era considerado, antes de qualquer outra coisa, algo abjeto. Em razão disso, o processo de inclusão na cidadania desses grupos é dos que enfrentam mais resistência, principalmente por parte de segmentos religiosos (Mott, 1997).

Segundo o antropólogo Luiz Mott[2] (1997), a luta por direitos civis LGBTs passa necessariamente pela sua visibilização, e isso acaba sendo um fator de acirramento da violência. No entanto, ao longo do processo de inclusão na cidadania, as políticas de luta e combate à discriminação e à violência obtiveram importantes êxitos.

Em 2011, houve o reconhecimento pelo Supremo Tribunal Federal (STF) da união homoafetiva estável como entidade familiar, garantindo a casais de mesmo sexo os mesmos direitos

---

2 *Luiz Mott é doutor em Antropologia, professor titular na Universidade Federal da Bahia, fundador e secretário de Direitos Humanos do Grupo Gay da Bahia (GGB).

dados a casais heterossexuais. Desse direito decorre também direitos de adoção, de herança e de divórcio. Em 2018, o STF possibilitou a alteração de prenome e gênero no registro civil a transgêneros, independentemente de cirurgia para redesignação de sexo. A pessoa trans passou a ter direito à sua dignidade com reconhecimento de sua identidade, de seu nome. Em 2019, o colegiado do STF entendeu que a homofobia e a transfobia enquadram-se no art. 20 da Lei n. 7.716/1989, que criminaliza o racismo. É violência cuja motivação é específica e, portanto, deve ser tratada de forma específica. A necessidade de criminalização da homofobia vem também da demanda de se construir políticas públicas afirmativas e de segurança que corrijam essa desigualdade (Mott, 1997).

Nas sessões em que o STF decide sobre leis e direitos relacionados aos LGBTs, o princípio da dignidade da pessoa humana sempre é evocado. O debate jurídico sai dos achismos e opiniões permeados de convicções morais ou religiosas e vem para o campo dos fatos, das estatísticas, do direito. O direito à dignidade e à cidadania são direitos constitucionais garantidos a todos os cidadãos. O Estado, quando nega políticas públicas para essa parcela da população, nega a existência desses cidadãos. Os benefícios, em um universo de discriminação, protege a pessoa trans de uma série de sofrimentos psíquicos, que também são formas de discriminação social. O nome que a pessoa carrega é um importante atributo na formação de sua identidade. A Organização Mundial do Trabalho, juntamente à Organização das Nações Universidade, publicou vários compromissos que o ambiente de trabalho deve ter para a promoção dos direitos LGBT, entre os quais a promoção da igualdade de oportunidade, um ambiente seguro, saudável e respeitoso e o desenvolvimento econômico e social na cadeia de valor e apoio de ações em prol dessas pessoas (Mott, 1997).

Os avanços na proteção aos direitos humanos de LGBTs observados recentemente no Brasil ancoram-se em contextos de reconhecimento de direitos sexuais e de combate à intolerância no âmbito das Nações Unidas. Essa noção, falsamente estabelecida, "de que as diferenças biológicas **entre** o homem e a mulher **devem determinar** os seus papéis sociais" acaba por impor "**uma inaceitável restrição** às suas liberdades fundamentais", com a submissão dessas pessoas "a um padrão existencial heteronormativo, **incompatível** com a diversidade e o pluralismo **que caracterizam** uma sociedade democrática" (STF, 2020, grifo do original).

— 4.5.3 — Declaração dos Direitos da Criança

O dia 20 de novembro de 1959 marcou o Dia Mundial da Criança, em função da Declaração dos Direitos da Criança proclamada pela ONU - uma preocupação presente já na Liga da Nações, antecessora da ONU. A Convenção Internacional dos Direitos da Criança, aprovada pela ONU em 20 de novembro de 1989, elevou o interesse da criança como princípio superior (Unicef, 2003).

Cohn (2005, p. 8-12) observa que antropologia, ao fazer da criança seu objeto, dedica-se a entender o ponto de vista dela em todo o processo da infância, desde o nascimento. Para a teoria antropológica, a criança não é um ser incompleto a ser formado e socializado, mas percebida desde sempre como sujeito social e, portanto, sujeito de direito. Assim como outros indivíduos outrora eram considerados "coisa" (mulheres, escravos), a criança também passou por um longo processo histórico até ser titular de direito, conforme nossa Constituição.

Do pequeno adulto que a criança foi há alguns séculos no Ocidente ao que ela é hoje, não podemos dizer que a construção histórica do ser criança é desprovida da política, ou seja, como se ela fosse uma personagem neutra. A alteridade, a forma como se atribui ao "outro" criança o futuro de todos nós, tem a ver como são pensadas as políticas públicas para crianças. Isso não ocorre sem antes construir o conceito do que é *infância*, do que é ser criança. Quando o tratamento dado à criança depende de sua classe social, isso é sinal de que algo muito grave está acontecendo.

Um vídeo que circulou muito pela *web* mostra um experimento em que uma criança aparentemente pertencente a uma classe economicamente superior aparece sozinha na calçada de uma rua movimentada. Vários transeuntes a rodeiam e demonstram preocupação e intenção de protegê-la. Na cena seguinte, a mesma criança, só que agora "fantasiada de pobre", posta-se no mesmo lugar. O resultado foi que ninguém se importou com ela. A questão inadiável é: Com qual criança nós nos importamos e protegemos? Isso é bastante grave. O mesmo podemos dizer do adolescente arruaceiro de classe média em uma manifestação política e de um jovem da periferia no mesmo lugar. O tratamento policial será diferente. Constatamos, aqui, a ausência do Estatuto da Criança e do Adolescente (ECA) - Lei n. 8.069, de 13 de julho de 1990 (Brasil, 1990) - para a criança e o adolescente pobres, quando deveria ser para todos - todos deveriam ser tratados como iguais. Em uma sociedade tão desigual como a brasileira, o papel do Estado seria em constituir uma rede de proteção começando pela educação básica, pública e de qualidade. Criança excluída desse direito fundamental constitui indicador de uma sociedade desigual. Uma sociedade inclusiva consegue o equilíbrio social e permite que seus cidadãos vivam em paz (Silva; Motti, 2001). O resultado da exclusão social é a violência social. Crianças socialmente excluídas tirarão, no futuro, a paz dos socialmente incluídos. Direitos humanos para todos os humanos significa dizer que a alteridade é algo incontornável.

Na Constituição de 1988, o papel do Estado em relação ao direito do menor é o de fazer valer sua vontade. O ECA é a lei que cria condições de exigibilidade para os direitos da criança e do adolescente, definidos no art. 227 da Constituição Federal de 1988. Conforme o *caput* desse artigo:

> Art. 227. É dever da família, da sociedade e do Estado assegurar à criança, ao adolescente e ao jovem, com absoluta prioridade, o direito à vida, à saúde, à alimentação, à educação, ao

> lazer, à profissionalização, à cultura, à dignidade, ao respeito, à liberdade e à convivência familiar e comunitária, além de colocá-los a salvo de toda forma de negligência, discriminação, exploração, violência, crueldade e opressão. (Brasil, 1988)

É então dever constitucional assegurar e proteger os direitos da criança e do adolescente e resguardá-las de violações, de negligência e discriminação relativos a esses direitos. Da análise do art. 227, destacam-se três princípios essenciais: o princípio da proteção integral, o princípio da prioridade absoluta e o princípio do melhor interesse da criança e do adolescente. Desse conjunto, destacam-se a proteção à idade mínima de 14 anos para o trabalho, o acesso à escola, a igualdade dos filhos, havido ou não o casamento ou de adoção.

Assim, o diploma infraconstitucional mais importante é o ECA. Esse estatuto é um microssistema de regras e princípios regidos pelo princípio da proteção integral, que outra coisa não é senão a dignidade da criança e do adolescente. Considera-se criança a pessoa até 12 anos incompletos e adolescente, a pessoa entre 12 e 18 anos de idade. São direitos especiais porque se considera a condição especial de pessoa em desenvolvimento, em liberdade e em dignidade em um ambiente de bem-estar físico, mental e social, incluindo-se, aqui, a gestante.

Os termos *criança* e *adolescente* vieram substituir a expressão *menor*, afirmando sua condição humana de pessoa, isto é, a criança não tem necessidade, ela é portadora de direitos exigíveis. Além de seus princípios específicos, o ECA faz ampla utilização do princípio da dignidade da pessoa humana. O art. 6º do Estatuto destaca a finalidade social dessa legislação: "direitos e deveres individuais e coletivos, e a condição peculiar da criança e do adolescente como pessoas em desenvolvimento" (Brasil, 1990).

A partir da distinção do que é infância e vida adulta, podemos afirmar que, em épocas passadas, ter uma infância plena no Brasil era algo raro, a depender da classe social da qual a criança era originária. As condições materiais muito precárias e a ausência de uma rede de saúde organizada produziam, nas classes pobres, taxas de mortalidade infantil altíssimas. É evidente que essa situação ainda persista em muitos lugares do Brasil. Os filhos da classe pobre entravam no mundo do trabalho muito cedo, a partir dos 6 anos. Os filhos da elite, porém, tinham condições de ter uma infância um pouco mais identificada com aquilo que chamamos *infância* hoje, entretanto, essas crianças também tinham de cumprir uma agenda árdua de disciplina, condizente à sua classe. De modo geral, havia diferentes ausências de infância, ou, ainda, a infância não era valorizada como tal. Isso não significa, entretanto, ausência de afeto.

Ao delimitar o conceito de infância, o ECA significou o ser criança e pautou os direitos humanos relativos a ela. Apesar das diversidades encontradas em meio ambientes infantis e diante de muita desigualdade social, podemos dizer que criança ganhou participação, ou seja, o Brasil passou a olhar para a criança e seus direitos. É perceptível uma melhoria nas condições de básicas de saúde, diminuição da mortalidade infantil e maior escolarização. Mas a infância, em toda a sua diversidade, é, ainda, para o Brasil, um dos maiores desafios.

— 4.5.4 —
Estatuto do Idoso

Os direitos humanos têm uma espécie de limite de tolerância à diversidade. Esse limite é dizer não à forma de diversidades que são destrutivas de outras. Os limites da tolerância fazem parte do argumento de Lévi-Strauss quando, nos anos 1950, redigiu o texto "Raça e história". Nesse texto, ele faz um grande elogio à diversidade, exortando sobre estarmos sempre abertos e atentos a todas as formas de diversidade e de expressão da diversidade, porém, observando que há um limite para a tolerância, um limite para tudo aquilo que é intolerável (Lévi-Strauss, 1993c). *Tolerância*, porém, não significa *conivência*. Devemos ser intolerantes com tudo aquilo que considera o outro tão desprezível que mereça ser descartado, tolhido, censurado ou mesmo exterminado. Lévi-Strauss (1993c) fala da capacidade humana de autodestruição - importante, para isso, lembrarmos dos acontecimentos das duas grandes guerras mundiais no século XX. Tão forte quanto a tolerância é nosso poder de conservação, de reciprocidade e de respeito. Conflitos e tensões sempre fizeram parte da saga humana, entretanto, foi depois desses dois grandes conflitos que a humanidade chegou ao marco fundamental, do ponto de vista jurídico, que é a consolidação da Carta de Direitos Humanos de 1948 (Cardoso, 2003).

Esses direitos se estendem a todos, mas, principalmente, aos grupos sociais vulneráveis. Para um completo entendimento de seu significado e de sua prática, precisamos de um processo educativo continuado que nos coloque em exercício de alteridade constante. Na cultura ocidental, envelhecer está longe de ser apenas um processo biológico inexorável a todos.

Em seu livro *A velhice* (1970), Simone de Beauvoir escreve que o velho é sempre o outro. As pessoas de mais idade não se enxergam como velhos. Entretanto, Beauvoir alerta que cada um de nós deveria se reconhecer no velho que é hoje ou no velho que será amanhã. A história do dramático processo de envelhecimento no mundo ocidental e do olhar que se tem sobre a velhice é mostrada por Beauvoir como parte do mesmo processo cultural que construiu o olhar que se tem sobre a criança, a mulher, o homossexual, enfim, um olhar inventado, construído socialmente (Beauvoir, 1970).

Contudo, o que é comum a todos, independentemente da categoria a qual pertencem, ou são ou serão velhos. O preconceito etarista, que se traduz no próprio pânico de envelhecer, assola mais as mulheres que os homens, exatamente porque a cultura do novo é, além de opressora, machista. A antropologia da velhice destaca que essas formas culturais do culto ao jovem, à beleza do jovem em geral e a da mulher em particular são premissas que devem ser questionadas. Um significado humanizado da velhice a resgataria desse lugar que sempre remete ao que é passado, ao que é improdutivo, ao que é desnecessário ou, mesmo, feio.

A população idosa tem crescido bastante nos últimos tempos. À medida que a população mundial envelhece, o conceito acerca do idoso vai sofrendo modificações sociais e jurídicas. A longevidade é uma novidade na história da humanidade, porém, pelo viés social e econômico, a situação é bastante pior para a população pobre/negra. Não obstante ter sido na cultura da sociedade capitalista que o idoso ganhou o *status* de ser improdutivo, verifica-se, por outro lado, ações de combate a essa cultura. "O Direito dos Idosos surge como uma alternativa para compensar ou, pelo menos, minimizar os danos causados por uma organização socioeconômica que não valoriza o que nós somos, mas aquilo que nós produzimos. E se não produzimos não somos nada, praticamente não participamos da vida social" (Alonso, 2005, p. 33).

O combate ao desrespeito, à indiferença e ao descarte da pessoa idosa parte da consciência sobre o ser idoso cidadão e, com base nesse princípio, a necessidade de se implantar políticas públicas inclusivas acompanhadas de políticas educativas nas escolas (Alonso, 2005). A Constituição Federal de 1988 foi a primeira voltada ao idoso como ser cidadão. No Capítulo VII,

Da Família, da Criança, do Adolescente e do Idoso, art. 230, consta: "A família, a sociedade e o Estado têm o dever de amparar as pessoas idosas, assegurando sua participação na comunidade, defendendo sua dignidade e bem-estar e garantindo-lhes o direito à vida" (Brasil, 1988).

A inclusão na cidadania, contra a violência e pelo respeito ao idoso são medidas que precisam de leis para ser efetivadas e, ao mesmo tempo, sinalizam que tais conquistas precisam estar na consciência da população. O art. 8° do Estatuto do Idoso – Lei n. 10.741, de 1° de outubro de 2003 (Brasil, 2003) assegura o envelhecimento como direito personalíssimo, um direito que protege a dignidade humana, entre outros. Todos os direitos previstos no Estatuto atual são fundamentais e levam o idoso a se sentir também fundamental na construção do momento histórico, cultural, social e político na sociedade em que vive.

O Estatuto marca, sem dúvida, um avanço, mas apenas ele não é suficiente para alterar as estruturas culturais que causam desamparo ao idoso e que são, também, o grande temor de todos: o não amparo, a não solidariedade, o não afeto. Na ausência, são sentimentos que precisam ser construídos, juntos, evidentemente, a uma base material. Para recriar uma cultura humana sobre a velhice, é preciso questionar as premissas culturais da própria humanidade.

Considerações finais

A formação jurídica não se completa se não se fizer acompanhar da capacidade de reflexão sobre a vida em sociedade e a noção de que a vida social só engrena após a ação primordial do direito. Também não se reduz ao estudo das normas, sob o risco de não apresentar respostas aos anseios daquilo que não está apenas na lei, mas na justiça, sendo esta realizada pelo direito. Dado que a definição de *justiça* é impossível, em razão de sua profunda e complexa relativização, isso não significa que devemos nos arredar da tarefa de estudá-la, de buscá-la e de lutar por ela. A antropologia jurídica, como disciplina propedêutica de grande riqueza cultural, possibilita pensar o direito em seus vários aspectos, não o reduzindo tão somente às questões técnicas da norma.

A noção de *justiça*, muito mais do que uma abstração, deve ser uma vivência. Deve, justamente, fazer parte de um processo educacional para termos a noção de que, como cidadãos, para fazermos parte do sistema de justiça, não é preciso fazer um curso de Direito. Todos podemos praticar a justiça em nossos ambientes próximos ou na vida política mais ampla. Justiça não é algo distante, que só algumas pessoas podem colocar em prática.

No entanto, é somente o profissional do direito que pode garantir o exercício da cidadania na esfera da justiça e o devido cumprimento de determinados preceitos básicos à vida social, por meio do Supremo Tribunal Federal (STF), dos tribunais de justiça, dos tribunais do júri, além de processos de mediação e de conciliação. Se, nesses espaços de justiça, for permitida a participação de cidadãos leigos, tanto melhor.

Que entre os profissionais do Judiciário possa haver, também, cidadãos oriundos de toda a diversidade nacional, para que esses espaços de justiça não corram o risco de ser seletivamente ocupados por parcelas eventualmente mais autoritárias da população e que venham a reproduzir o autoritarismo, e não a arejar e diversificar esses espaços. Que entre os operadores do direito possa haver advogados e advogadas ativos nos movimentos populares e que as faculdades de direito valorizem as clínicas de direitos humanos e os núcleos de pesquisa voltados à formação de profissionais que saibam conjugar teoria jurídica com a prática da realidade social. Caminhemos.

Referências

ACNUR - Alto Comissariado das Nações Unidas para os Refugiados. Disponível em: <https://www.acnur.org/>. Acesso em: 3 maio 2021.

ACNUR - Alto Comissariado das Nações Unidas para os Refugiados. **Convenção relativa ao Estatuto dos Refugiados**. Nações Unidas, 28 jul. 1951. Disponível em: <http://www.acnur.org/t3/fileadmin/Documentos/portugues/BDL/Convencao_relativa_ao_Estatuto_dos_Refugiados.pdf>. Acesso em: 3 maio 2021.

ALONSO, F. R. B. **Envelhecendo com dignidade**: o direito dos idosos como o caminho para a construção de uma sociedade para todas as idades. Universidade Federal Fluminense. Programa de Pós-Graduação em Sociologia e Direito. Niterói, 2005.

ARENDT, H. **Origens do totalitarismo**. Tradução de Roberto Raposo. São Paulo: Companhia das Letras, 1989.

ARISTÓTELES. **A política**. Tradução de Roberto Leal Ferreira. São Paulo: M. Fontes, 1991.

ARISTÓTELES. **Ética a Nicômaco**. Tradução de Leonel Vallandro e Gerd Bornheim. São Paulo: Nova Cultural, 1996. (Coleção Os Pensadores).

ASSIS, O. Q.; KÜMPEL, V. F. **Manual de antropologia jurídica**. São Paulo: Saraiva, 2011.

AZEVEDO, C. M. M. de. **Onda negra, medo branco**: o negro no imaginário das elites do século XIX. 2. ed. São Paulo: Annablume, 2004.

BEAUVOIR, S. **A velhice**: as relações com o mundo. Tradução de Heloysa de Lima Dantas. São Paulo: Difusão Europeia do Livro, 1970. v. 2.

BENVENUTO, J. Universalismo, relativismo e direitos humanos: uma revisita contingente. **Lua Nova – Revista de Cultura e Política**, n. 94, p. 117-142, 2015. Disponível em: <https://www.scielo.br/pdf/ln/n94/0102-6445-ln-94-00117.pdf>. Acesso em: 3 maio 2021.

BIAGGIO, A. M. B. **Lawrence Kohlberg**: ética e educação moral. São Paulo: Moderna. 2002.

BRASIL. Constituição (1924). Constituição Política do Império do Brasil. **Coleção de Leis do Império do Brasil**, 25 mar. 1824. Disponível em: <http://www.planalto.gov.br/ccivil_03/constituicao/constituicao24.htm>. Acesso em: 3 maio 2021.

BRASIL. Constituição (1988). Constituição da República Federativa do Brasil. **Diário Oficial da União**, Brasília, DF, 5 out. 1988. Disponível em: <http://www.planalto.gov.br/ccivil_03/constituicao/constituicao.htm>. Acesso em: 3 maio 2021.

BRASIL. Decreto n. 19.841, de 22 de outubro de 1945. **Coleção de Leis do Brasil**, 1945. Disponível em: <http://www.planalto.gov.br/ccivil_03/decreto/1930-1949/d19841.htm>. Acesso em: 3 maio 2021.

BRASIL. Lei n. 7.437, de 20 de dezembro de 1985. **Diário Oficial da União**, Brasília, DF, 23 dez. 1985. Disponível em: <http://www.planalto.gov.br/ccivil_03/leis/l7437.htm>. Acesso em: 3 maio 2021.

BRASIL. Lei n. 8.069, de 13 de julho de 1990. **Diário Oficial da União**, Brasília, DF, 16 jul. 1990. Disponível em: <http://www.planalto.gov.br/ccivil_03/LEIS/L8069.htm#art266>. Acesso em: 3 maio 2021.

BRASIL. Lei n. 10.741, de 1º de outubro de 2003. **Diário Oficial da União**, Brasília, DF, 3 out. 2003. Disponível em: <http://www.planalto.gov.br/ccivil_03/leis/2003/l10.741.htm>. Acesso em: 3 maio 2021.

BRASIL. Lei n. 11.340, de 7 de agosto de 2006. **Diário Oficial da União**, Brasília, DF, 8 ago. 2006. Disponível em: <http://www.planalto.gov.br/ccivil_03/_ato2004-2006/2006/lei/l11340.htm>. Acesso em: 3 maio 2021.

BRASIL. Lei n. 12.403, de 4 de maio de 2011. **Diário Oficial da União**, Brasília, DF, 5 maio 2011a. Disponível em: <http://www.planalto.gov.br/ccivil_03/_Ato2011-2014/2011/Lei/L12403.htm>. Acesso em: 3 maio 2021.

BRASIL. Lei n. 13.104, de 9 de março de 2015. **Diário Oficial da União**, Brasília, DF, 7 jul. 2015a. Disponível em: <http://www.planalto.gov.br/ccivil_03/_Ato2015-2018/2015/lei/L13104.htm>. Acesso em: 3 maio 2021.

BRASIL. Lei n. 13.142, de 6 de julho de 2015. **Diário Oficial da União**, Brasília, DF, 7 jul. 2015b. Disponível em: <http://www.planalto.gov.br/ccivil_03/_ato2015-2018/2015/lei/l13142.htm>. Acesso em: 3 maio 2021.

BRASIL. Presidência da República. Secretaria de Políticas para Mulheres. **Política Nacional de Enfrentamento à Violência contra as Mulheres**. Brasília, 2011b. Disponível em: <https://www12.senado.leg.br/institucional/omv/entenda-a-violencia/pdfs/politica-nacional-de-enfrentamento-a-violencia-contra-as-mulheres>. Acesso em: 3 maio 2021.

BRASIL. Supremo Tribunal Federal. **Igualdade étnico-racial e políticas de cotas e compensação**: jurisprudência do STF e bibliografia temática. Brasília: STF; Secretaria de Documentação, 2018. Disponível em: <http://www.stf.jus.br/arquivo/cms/publicacaoPublicacaoTematica/anexo/igualdade_etnico_racial.pdf>. Acesso em: 3 maio 2021.

CAMPOS, A. H. Violência institucional de gênero e a nova ordem normativa: inovações processuais na Lei Maria da Penha. In: LIMA, F. R.; SANTOS, C. (Coord.). **Violência doméstica**: vulnerabilidades e desafios na intervenção criminal e multidisciplinar. 2. ed. Rio de Janeiro: Lumen Juris, 2010.

CARDOSO, C. M. **Tolerância e seus limites**: um olhar latino-americano sobre diversidade e desigualdade. São Paulo: Unesp, 2003.

CARVALHO, J. M. **Cidadania no Brasil**: o longo caminho. 11. ed. Rio de Janeiro: Civilização Brasileira: 2008.

CHALITA, G. Aristóteles e o direito. In: CAMPILONGO, C. F.; GONZAGA, A. de A; FREIRE, A. L. (Coord.). **Enciclopédia jurídica da PUCSP**: teoria geral e filosofia do direito. São Paulo: PUCSP, 2017. Disponível em: <https://enciclopediajuridica.pucsp.br/verbete/11/edicao-1/aristoteles-e-o-direito>. Acesso em: 3 maio 2021.

CHAUÍ, M. **Convite à filosofia**. 5. ed. São Paulo: Ática, 1995.

CLASTRES, P. **A sociedade contra o Estado**: pesquisas de antropologia política. Tradução de Theo Santiago. Rio de Janeiro: Francisco Alves, 1990.

COHN, C. **Antropologia da criança**. Rio de Janeiro: J. Zahar, 2005.

COMPARATO, F. K. **Ética**: direito, moral e religião no mundo moderno. São Paulo: Companhia das Letras, 2006.

COMPARATO, F. K. Um débito colossal. **Folha de S.Paulo**, 8 jul. 2008. Disponível em: <https://www1.folha.uol.com.br/fsp/opiniao/fz0807200808.htm>. Acesso em: 3 maio 2021.

CORRÊA, M. **As ilusões da liberdade**: a Escola Nina Rodrigues e a antropologia no Brasil. Bragança Paulista: Edusf, 1998.

COULANGES, F. de. **A cidade antiga**. Tradução de Fernando de Aguiar. São Paulo: M. Fontes, 1998.

COUTINHO, C. N. **Literatura e humanismo**. Rio de Janeiro: Paz e Terra, 1967.

DALLARI, D. de A. **Elementos de teoria geral do Estado**. São Paulo: Saraiva, 2000.

DINIZ, M. H. **Compêndio de introdução à ciência do direito**. São Paulo: Saraiva, 1988.

ENGELS, F. **A origem da família, da propriedade privada e do Estado**. Tradução de Leandro Konder. São Paulo: Civilização Brasileira, 1978.

EYLER, F. M. S. **História Antiga**: Grécia e Roma - a formação do Ocidente. 3. ed. Petrópolis: Vozes; Rio de Janeiro: PUC-Rio, 2014.

FERRAZ JUNIOR. T. S. **Introdução ao estudo o direito**: técnica, decisão, dominação. 4. ed. São Paulo: Atlas, 2003.

FERREIRA, M. de B. **Alfred Rosenberg e o mito de sangue**: uma análise do conceito de antissemitismo na obra O Mito do Século XX. 48 f. Monografia (Licenciatura em História) - Universidade de Brasília, Brasília, 2017. Disponível em: <https://bdm.unb.br/bitstream/10483/17771/1/2017_MariliadeBritoFerreira_tcc.pdf>. Acesso em: 3 maio 2021.

FOUCAULT, M. **A verdade e as formas jurídicas**. Tradução de Roberto Cabral de Melo Machado e Eduardo Jardim Morais. Rio de Janeiro: Nau, 1996.

FRANCO, M. O legado de Ban Ki-Moon. **G1 Mundo**, 29 dez. 2016. Disponível em: <http://especiais.g1.globo.com/mundo/2016/o-legado-de-ban-ki-moon/>. Acesso em: 3 maio 2021.

FRANÇA. **Declaração de Direitos do Homem e do Cidadão**. 1789. Disponível em: <http://www.direitoshumanos.usp.br/index.php/Documentos-anteriores-%C3%A0-cria%C3%A7%C3%A3o-da-Sociedade-das-Na%C3%A7%C3%B5es-at%C3%A9-1919/declaracao-de-direitos-do-homem-e-do-cidadao-1789.html>. Acesso em: 3 maio 2021.

FREIRE, P. **Ação cultural para a liberdade e outros escritos**. São Paulo: Paz e Terra, 2007.

FREYRE, G. **Casa-grande & senzala**. 16. ed. Rio de Janeiro: José Olímpio, 1973.

GOMES, R. A. A controvérsia de Valladolid: debate acerca da guerra justa, escravização dos índios e a questão do nascimento dos direitos humanos. **Jus Navigandi**, Teresina, ano 15, n. 2.630, set. 2010. Disponível em: <https://jus.com.br/artigos/17394/a-controversia-de-valladolid-debate-acerca-da-guerra-justa-escravizacao-dos-indios-e-a-questao-do-nascimento-dos-direitos-humanos>. Acesso em: 3 maio 2021.

GGB – Grupo Gay da Bahia. **Mortes violentas de LGBT no Brasil**: Relatório 2017. 2017. Disponível em: <https://grupogaydabahia.files.wordpress.com/2020/03/relatorio-2017.pdf>. Acesso em: 3 maio 2021.

GUGEL, G. T. O diálogo intercultural: universalismo dos direitos humanos para além do relativismo cultural. **Revista Direitos Humanos e Democracia**, v. 3, n. 5, p. 210-234, jan./jun. 2015. Disponível em: <https://www.revistas.unijui.edu.br/index.php/direitoshumanosedemocracia/article/view/3081>. Acesso em: 3 maio 2021.

GUIMARÃES, A. S. A. **Racismo e anti-racismo no Brasil**. São Paulo: Fundação de Apoio à Universidade de São Paulo; Ed. 34, 2015.

HABERMAS, J. **Direito e democracia**: entre facticidade e validade. Tradução de Flávio Beno Siebeneichler. Rio de Janeiro: Tempo Brasileiro, 1997. v. 2.

HELFERICH, C. **História da filosofia**. Tradução de Luiz Sérgio Repa et al. São Paulo: M. Fontes, 2006.

HOBSBAWM, E. **A era dos impérios**. Tradução de Sieni Maria Campos e Yolanda Steidel de Toledo. Rio de Janeiro: Paz e Terra, 1988.

HOLANDA, S. B. de. **Raízes do Brasil**. Rio de Janeiro: José Olympio, 1982.

KANT, I. **A paz perpétua e outros opúsculos**. Tradução de Artur Morão. Lisboa: Edições 70, 1995.

KELLY, J. M. **Uma breve história da teoria do direito ocidental**. Tradução de Marylene Pinto Michael. São Paulo: WMF M. Fontes, 2010.

KUPER, A. **Cultura**: a visão dos antropólogos. Tradução de Mirtes Frange de Oliveira. São Paulo: Edusc, 2002.

LAGO, J. Na trilha de Lévi-Strauss. **Le Monde Diplomatique Brasil**, n. 39, out. 2010. Disponível em: <https://diplomatique.org.br/na-trilha-de-levi-strauss/>. Acesso em: 3 maio 2021.

LAPLANTINE, F. **Aprender antropologia**. Tradução de Marie-Agnès Chauvel. São Paulo: Brasiliense, 1993.

LAS CASAS, B de. **Único modo de atrair todos os povos à verdadeira religião**. Tradução de Noelia Gigli e Hélio Lucas. São Paulo: Paulus, 2005.

LÉVI-STRAUSS, Claude. **Antropologia estrutural**. Tradução de Chaim Samuel Katz e Eginardo Pires. Rio de Janeiro: Tempo Brasileiro, 1975.

LÉVI-STRAUSS. C. **Antropologia estrutural II**. Tradução de Maria do Carmo Pandolfo. Rio de Janeiro: Tempo Brasileiro, 1993a.

LÉVI-STRAUSS, C. **As estruturas elementares do parentesco**. Tradução de Mariano Ferreira. Petrópolis: Vozes, 1982.

LÉVI-STRAUSS, C. Os três humanismos. In: LÉVI-STRAUSS, C. **Antropologia estrutural II**. Tradução de Maria do Carmo Pandolfo. Rio de Janeiro: Tempo Brasileiro, 1993b.

LÉVI-STRAUSS, C. Raça e história. In: LÉVI-STRAUSS, C. **Antropologia estrutural II**. Tradução de Maria do Carmo Pandolfo. Rio de Janeiro: Tempo Brasileiro, 1993c.

LUKÁCS, G. **Arte e sociedade**: escritos estéticos 1932-1967. Rio de Janeiro: UFRJ, 2009.

MACIEL, E.; BAZZO, G.; MONT'ALVÃO, A. Xenofobia: um crime silenciado. **Huffpost Brasil**, 20 jun. 2016. Disponível em: <https://projects.huffpostbrasil.com/xenofobia/>. Acesso em: 3 maio 2021.

MARCONI, M. de A.; PRESOTTO, Z. M. N. **Antropologia**: uma introdução. São Paulo: Atlas, 2006.

MAIO, M. C.; SANTOS, R. V. Política de cotas raciais, os "olhos da sociedade" e os usos da antropologia: o caso do vestibular da Universidade de Brasília (UnB). **Horizontes Antropológicos**, Porto Alegre v. 11, n. 23, p. 181-214, jan./jun. 2005. Disponível em: <https://www.scielo.br/pdf/ha/v11n23/a11v1123.pdf>. Acesso em: 3 maio 2021.

MARTINS, H. Três caminhos na filosofia da linguagem. MUSSALIM, F.; BENTES, A. C. (Org.). **Introdução à linguística**: fundamentos epistemológicos. 5. ed. São Paulo: Cortez, 2011. v. 3.

MELLO, L. G. de. **Antropologia cultural**: iniciação, teoria e temas. Petrópolis: Vozes, 1982.

MONTAIGNE, M. **Os ensaios**. Tradução de Rosemary Costhek Abílio. São Paulo: M. Fontes, 2010. 3 v.

MOTT, L. **Homofobia**: a violação dos direitos humanos de gays, lésbicas e travestis no Brasil. São Francisco: IGLHRC, 1997.

NAÇÕES UNIDAS. **Declaração Universal dos Direitos Humanos**. 10 dez. 1948. Disponível em: <https://www. unicef.org/brazil/declaração-universal-dos-direitos-humanos>. Acesso em: 3 maio 2021.

PALMA, R. F. **Antropologia jurídica**. São Paulo: Saraiva, 2019.

PLATÃO. **A República**. Tradução de Enrico Corvisieri. São Paulo: Nova Cultural, 1997. (Coleção Os Pensadores).

REALE. G.; ANTISERI, D. **História da filosofia**: filosofia pagã antiga. Tradução de Ivo Storniolo. São Paulo: Paulus, 2003. v. 1.

RIBEIRO, D. **A América Latina existe?** Rio de Janeiro: Ed. da UnB, 2010.

RIBEIRO, D. **Os índios e a civilização**: a integração das populações indígenas no Brasil moderno. São Paulo: Companhia das Letras, 1996.

RIBEIRO, D. Stonewall: 40 anos de luta pelo reconhecimento LGBT. In: COLLING, L. (Org.). **Stonewall 40 + o que no Brasil?** Salvador: EDUFBA, 2011. p. 153-156.

ROUDINESCO, E. **A família em desordem**. Tradução de André Telles. Rio de Janeiro: J. Zahar, 2003.

ROULAND, N. **Nos confins do direito**: antropologia jurídica da modernidade. Tradução de Maria Ermantina de Almeida Prado Galvão. 2. ed. São Paulo: M. Fontes, 2008.

SAID, E. W. **Cultura e imperialismo**. Tradução de Denise Bottmann. São Paulo: Companhia das Letras, 1995.

SAID, E. W. **Representações do intelectual**: as conferências Reith de 1993. Tradução de Milton Hatoum. São Paulo: Companhia das Letras, 2005.

SANTOS, B. de S. **O discurso e o poder**: ensaio sobre a sociologia da retórica jurídica. Porto Alegre: Fabris, 1988.

SANTOS, B. de S. **Para uma revolução democrática de justiça**. São Paulo: Cortez, 2011.

SARLET, I. W. **Dignidade da pessoa humana na Constituição Federal de 1988**. 5. ed. Porto Alegre: Livraria do Advogado, 2007.

SCHWARCZ, L. M.; STARLING, H. M. **Brasil**: uma biografia. São Paulo: Companhia das Letras, 2015.

SEPÚLVEDA, J. G. de. **Tratado sobre las justas causas de la guerra contra los indios**. México: Fondo de Cultura Economica, 1941.

SILVA, E.; MOTTI, Â. (Coord.). **Estatuto da Criança e do Adolescente**: uma década de direitos – avaliando resultados e projetando o futuro. Campo Grande: Ed. da UFMS, 2001.

SILVA, J. A. da. A dignidade da pessoa humana como valor supremo da democracia. **Revista de Direito Administrativo**, Rio de Janeiro, v. 212, p. 89-94, abr./jun. 1998. Disponível em: <http://bibliotecadigital.fgv.br/ojs/index.php/rda/article/view/47169/45637>. Acesso em: 3 maio 2021.

SOUSA, R. A. S. de. **Agassiz e Gobineau**: as ciências contra o Brasil mestiço. 163 f. Dissertação (Mestrado em História das Ciências: História) – Casa de Oswaldo Cruz (Fiocruz), Rio de Janeiro, 2008. Disponível em: <https://www.arca.fiocruz.br/handle/icict/24001>. Acesso em: 3 maio 2021.

STF – Supremo Tribunal Federal. Ação Direta de Inconstitucionalidade por Omissão n. 26/DF. Relator: Min. Celso de Mello. **Diário de Justiça**, 6 out. 2020. Disponível em: <https://jurisprudencia.stf.jus.br/pages/search/sjur433180/false>. Acesso em: 3 maio 2021.

TURRA, C.; VENTURI, G. (Org.). **Racismo cordial**: a mais completa análise sobre o preconceito de cor no Brasil. São Paulo: Ática, 1995.

UNESCO – Organização das Nações Unidas para a Educação, a Ciência e a Cultura. **Declaração Universal sobre a Diversidade Cultural**. 2002. Disponível em: <https://www.oas.org/dil/port/2001%20Declara%C3%A7%C3%A3o%20Universal%20sobre%20a%20Diversidade%20Cultural%20da%20UNESCO.pdf>. Acesso em: 3 maio 2021.

UNICEF – Fundo das Nações Unidas para a Infância. **História dos direitos da criança**. Disponível em: <https://www.unicef.org/brazil/historia-dos-direitos-da-crianca>. Acesso em: 3 maio 2021.

UNICEF – Fundo das Nações Unidas para a Infância. **Situação mundial da infância**: 2003. Brasília: Escritório da Representação do Unicef no Brasil, 2003.

USP – Universidade de São Paulo. Biblioteca Virtual de Direitos Humanos. **Petição de Direito – 1628**. 7 jun. 1628. Disponível em: <http://www.direitoshumanos.usp.br/index.php/Documentos-anteriores-%C3%A0-cria%C3%A7%C3%A3o-da-Sociedade-das-Na%C3%A7%C3%B5es-at%C3%A9-1919/peticao-de-direito-1628.html>. Acesso em: 3 maio 2021.

VILLAS BÔAS FILHO, O. Antropologia jurídica. In: CAMPILONGO, C. F.; GONZAGA, A. de A; FREIRE, A. L. (Coord.). **Enciclopédia jurídica da PUCSP**: teoria geral e filosofia do direito. São Paulo: PUCSP, 2017. Disponível em: <https://enciclopediajuridica.pucsp.br/verbete/42/edicao-1/antropologia-juridica>. Acesso em: 3 maio 2021.

WEBER, M. **A ética protestante e o "espírito" do capitalismo**. Tradução de Irene de Q. F. Szmrecsáyi e Tomás J. M. K. Regis Barbosa Szmrecsáyi. São Paulo: Pioneira, 1992.

WOLKMER, A. C. **Pluralismo jurídico**: fundamentos de uma nova cultura no direito. 3. ed. São Paulo. Alfa-ômega, 2001.

WOLKMER, A. C. **Pluralismo jurídico**: fundamentos de uma nova cultura no direito. São Paulo: Alfa Ômega, 2012.

WOLKMER, A. C. **Pluralismo jurídico**: o espaço de práticas sociais participativas. Tese (Doutorado em Direito) – Universidade Federal de Santa Catarina, Florianópolis, 1992. Disponível em: <https://repositorio.ufsc.br/handle/123456789/106340>. Acesso em: 3 maio 2021.

Sobre a autora

Regina Paulista Fernandes Reinert é graduada em Ciências Sociais pela Universidade Federal do Paraná (1998) e mestre Ciências Sociais (2000) pela mesma instituição. Tem experiência nas áreas de antropologia social, sociologia jurídica, antropologia jurídica, sociologia clássica e contemporânea, filosofia clássica e moderna. Foi professora nas graduações de Comunicação Social e de Direito da Universidade Tuiuti do Paraná (UTP), além de professora de pós-graduação na Faculdade de Administração e Economia (FAE) e no Instituto de Consultoria Empresarial, Educacional e Pós-Graduação (Icep). Atualmente, é professora do Centro Universitário Internacional Uninter. É autora do livro *Política e cidadania* (2020).